BORN
IN
KYLE

The King lay in-to Gawlistoun
That is rycht evyn anent Lowdoun.

Fae The Brus by John Barbour

Kyle for a man, Carrick for a coo
Cunninghame for butter an cheese,
And Galloway for 'oo.

Auld Saw

BORN IN KYLE

BILLY KAY

BURNAWN
BOOKS

Burnawn Books
Copyricht Billy Kay, 2023
Aw richts reservit
The moral richt o the scriever haes been assertit
First furthset in Scotland in 2023 by
Burnawn Books
72 Tay Street
Newport-on-Tay
Fife DD6 8AP

ISBN HB   978-1-9993309-4-1

ISBN PB   978-1-9993309-3-4

The publisher acknowledges receipt of the Scottish
Government's Scots Language Publication Grant
towards
this publication.

Nae pairt o this quair shuid be reproduced or
transmitted in ony form or by ony ither means wioot
scrievit permeission fae Burnawn Books, except whaur
a reviewer wants tae yaise short passages as pairt
o a review in a magazine, newspaper
or braidcast.

Typeset in Maiola Book and Galliard Pro
Prentit in Scotland by Bell & Bain Limited, Glesga.

For ma daurlin sisters,
Mary Hunter an Janette Roseweir
whase love will aye bide in me
an ma haill faimily

Contents

⇒	*Acknowledgements*	8
⇒	*A Note on the Langage Yaised*	9
⇒	Prolog	11
ANE	Gugs An Teamrollers	21

Memoir   25

TWA	Hame	27
THREE	The Last Gemme	43
FOWER	Ma Mither	49
FIVE	Gaitherin Gear	56
SAX	A Guid Scots Tongue in yer Heid	64
SEIVEN	A Saw For A Sair Leg	78
EICHT	Worthies an Characters	90
NINE	In The Store	96
TEN	By, Ye Can Heck	109
ELEIVEN	The Grozet Fair	122

Contents

TWAL	The Gloamin Grey	137
THIRTEEN	The Dippers	153
FOWERTEEN	Auld Labour	160
FIFTEEN	Fremmit Airts, Fremmit Leids	167
SAXTEEN	Jylehoose Rock	183

Creative Scrievin   199

SEIVENTEEN	O Aw the Airts	201
EICHTEEN	Bully Boays	214
NINETEEN	Valley Boays	221
TWINTY	Gammin Aw Ower the Warld	232
TWINTY ANE	Famie	243
TWINTY TWA	Miracle in Manse Close	248
TWINTY THREE	Inrush at Nummer Fower	252
TWINTY FOWER	Glencoe	258

Acknowledgements

I wad like tae thenk aw the guid fowk that helpit me in the muckle darg tae furthset this quair: ma faimily in Ayrshire an Fife wha inspired the love I hain yet for the airts I spent a gey happy bairnheid; for soun advice fae baith Matthew Fitt an Ally Heather anent hou tae proceed; tae Eilidh Akilade an Caitrin Armstrong o the Scottish Book Trust for gien me guid advice on makin a successful application for the Scots Leid Publication Grant; tae the Scottish Government for the support they gie tae Scots; tae an auld fier wha wis also born in Kyle, James Hutcheson, for aw his braw artistic wark on the cover an the design; tae Tam Clark for his skeely editin an keepin me richt; for Caroline Gorham on wice prentin an publishin advice; for Gawston bodies past an praisent an the guid fowk o Newmulls an Derval for inspirin me wi yer stories; for ma mither an faither for gien me nocht but love for oor ain dear mither tongue; for ma sisters Mary an Janette wha bided wi me in Gawston an steyed on tae be there for me aw ma days; tae ma treisure o a wife, João, wha cam fae a gey different social backgrund, but wha instinctively kent hou rich ma hame culture wis, an whit muckle-hertit fowk I had in ma faimily.

A Note on the Langage Yaised

The Scots leid hasnae had a staundart form for a guid twa or three hunder year, sae ilkabody haes tae wale their words syne spell thaim the wey at comes natural tae thaim theirsels. I grew up speakin the Ayrshire dialect o Scots, sae that's whit comes maist natural tae ma lips, but haein studied the historie o the leid an the leiterature, I hae extendit ma knowledge ower monie decades an noo yaise a style o scrievin that's as sib tae a staundart or classical Scots as ye're gaun tae get fae ony bodie scrievin in the twinty first century. Maist o the meanins will be kythed in the context they're yaised, but gin ye hae ony deifficulties, an ye dinnae hae a Scots dictionar tae haund, dinnae fash. Jist gae tae www.dsl.ac.uk an ye'll finnd ilka Scots word in this quair an a wheen ithers, as weel as a gowden treisure trove o Scottish culture ower monie hunders o years.

Prolog

"Whaur dae ye bide, whaur dae ye stey, come tell tae me yer name?"

I bide in Gawston in the auld airt o Ayrshire cried Kyle, I stey in a cooncil hoose at 33 Loudoun Avenue in the muckle scheme at the tap o the toon, ma name is Billy Kay, an Gawston is thrang wi Kays sae I hae friens aw ower the toon.

Thir words fae an auld sang cried Derval Dam are gey relevant tae whit I'm ettlin tae dae in this book – gie a vieve accoont o life in a warkin claiss faimily in Scotland in the middle o the Twintieth Century. It's mair than that though, as it gies an insicht intae the culture, the leid and the history that the faimily inherited fae intensely local tradeitions, baith oral an scrievit. The anely important question no includit in the sang is "when did ye bide there?" as thae decades o the 1950s an 1960s are byordnar important tae whit follaes. It wis a time when nearhaund aw men an weimen cuid get wark if they wantit it, when the raicently created National Health Service luikit efter fowk if they got ill an whaur the dowie memories o the Saicont Warld War were recedin, an fowk wis luikin forrit wi mair optimism than they had had for years.

That wis in pairt due to the rise o socialism an the Labour

Pairty, and the disappearance o deference toward thaim that belanged tae the higher echelons o the claiss system. The final fling o the Conservative and Unionist Pairty in the Scottish context wis in 1955, an fae then on Labour and then the SNP wad fecht for supremacy in the Scottish context. O coorse, this wisnae refleckit in the rest o the kintrae that wis ironically cried the United Kingdom, whaur then and noo as I scrieve in November 2022, the Tories mair aften than no win elections because o English votes. An early poeitical memory I hae maun hae taen place in the General Election o 1959, when I cuid feel the disappyntment o ma mither when she heard that the Tories had won aince again across Britain. Bein surroondit wi fowk fae the same kinna backgrund as oorsels, she couldnae believe that the "puir folk" as she described thaim, had tint wance mair, an that there wis eneuch weel aff fowk elsewhaur tae vote the Tories in!

Puirtith though didnae lea a strang mark on the community at this time in its history – fowk werenae weel aff but awbody seemed able tae get by because o the wark available locally. The richt puir sowels that there were tended tae belang tae faimilies whaur the faither wis addicted tae alcohol an wad spend the siller he earned on whisky raither than food for the wife an weans. There wis ae weel kennt painter in the toon cried Davy wha had a richt serious drink problem – "he wad drink it through a durty cloot" wis said aften aboot him. Awbody kennt though that ye never gied him a penny tae the job wis feinished an duin. Gie him an advance on his pey, and he wad disappear for days on a bender. I mind a douce wee alcove he paintit for us in Loudoun Avenue, whaur the pastel shades o sky blue, cream an pink blendit oot o wan anither an melled intae a braw wee feature in the corner o the leivin room, whaur ma mither showed her cheenie ornaments. Ma memory wis that fowk felt sorry for Davy an whit he garred his faimily thole acause o his weakness wi the demon drink. But they were still pairt o the community. The muckle ugsome social problems caused by unemployment, an the escape intae drugs that affectit toons like oors aw ower Scotland a puckle decades later, didnae seem tae affect us in the faur aff youngness o ma life lang syne, tho I'm shuir there maun hae been mair tensions atween fowk than I wis awaur o as a wean.

If there wis gey little puirtith, there wis hardship that awbody had tae thole an owercome. On cauld winter's mornins for example, ye cuid wauken up wi cranreuch an ice formin on the inside o yer bedroom windae. I ken boays an lassies that kept their schuil claes aside their bed at nicht, sae that they cuid rax ower tae thaim furst thing in the mornin, bring thaim unner the warm blankets an get dressed in bed. The alternative wis tae staun chitterin aside the bed an see hou fast ye cuid bield yer bodie fae the snell bite o the cauld Ayrshire air. Nae maitter hou skeigh ye wur, it wis gey seldom fast eneuch. In 33, Loudoun Avenue we had a wee paraffin heater in the kitchen an that's whaur ma mither buskit her bairns brawly wi that wee lowe o heat tae comfort us. She wad hae gotten up afore us tae get the coal fire gaun in the leivin room, and dependin hoo faur that wis advanced, I've seen us put on oor claes there tae.

Oor MP in the Kilmaurnock area throughoot this period

wis Willie Ross, wha wis a pillar o the local estaiblishment o the Labour Pairty. He became Secretair o State for Scotland an in the simmer o 1970, when I wantit tae wark in Berlin tae improve ma German that I wis studyin at Edinburgh University, it wis his personal intervention follaein a phone call fae ma big sister, that got me ma Visa on time fae the German Consul. I mind gettin a phone call fae a chield that wrocht in the Consulate and he wis aw excitit when he tellt me "Ve haff received a call from the Secretär of State of Scotland, so you can come and collect your visa immediately."

I thankit him personally for his intervention when I met him years later at a Burns Supper I wis speakin at in Glesga, but onybody that kens me kens that I wisnae ower fond o Willie poleitically, as the Labour Pairty were nae different fae the Tories in bein pairt o a staunch Unionist estaiblishment that wis aye eident tae suppress the democratic weishes o the Scottish people. Willie made it e'en waur for me when he threapit regularly that the Scots were bein subsidised by the English, and that we shuid haud oor collective wheesht lest they ever discover hou we were fleecin thaim o their siller for oor ain gratification! Talk aboot insultin the fowk we came fae! It garred me grue at the time an it still scunners me luikin back fifty year on!

But although we didnae hae a poleitical ootlet for oor Scottish identity at that time, as ye'll see fae thir stories, we drank it in wi oor mither's milk. Ae story involvin ma faither shone a spotlicht on the Scottish antisyzygy. In 1967, Francis Chichester wis knighted by the Queen efter his gey impressive feat o bein the first chield in history tae circumnavigate the globe in his ketch Gypsy Moth IV. The Anglo-British estaiblishment nature o the ceremony wis emphasised when the Queen yaised the same sword that Elisabeth the First o England had yaised when she knighted the English hero Sir Francis Drake lang syne. Watchin aw this unfold on the BBC news on the telly wis me an ma dad in 33, Loudoun Avenue. Kennin hoo easily he wis scunnered wi ocht tae dae wi royalty, I spiered at him whit he thocht o the haill palaver? "Son," he reponed, wi a straicht face, "If a Scotsman wis tae swim single haundit roon the warld, he wuidnae get aw this attention!"

It wis fae ma faither that I got aw the stories o the history o Gawston, the Valley and Kyle that I recoont in the follaein chapters, for although he didnae gae tae college or uni – that wis oot the question for maist workin fowk when he wis young – he added tae the strang oral tradeitions by readin books aboot Ayrshire an its history. I hae ane o thaim on ma bookshelf ahint me as I scrieve this, an it's cried Ayrshire Nights' Entertainments. We needit tae ken oor ain history an culture for we got gey little o it in oor education aince we got tae the big schuil. At the Primary Schuil I dae hae mind o a wee history book we had, wi stories fae the wars o independence an the exploits o Wallace an Bruce tae redd the kintrae o the English forces o occupation. It wis illustratit wi black an white drawins an in ma mind's ee I can stull see ane o thaim whaur Wallace's sodgers hid thaimsels unner the hey in a wagon deleiverin proveisons tae the garrison in Lanrik castle, if ma memorie tells me richt! I lued thir stories as they extendit the feelin o belangin I got fae ma faither, wha tellt me aboot stories o Wallace an Bruce in oor pairt o Kyle.

We also didnae get muckle Scottish content fae the media back then. Ma mither an faither whiles lugged intae a comedy series set in Glesga that wis braidcast on the Scottish Home Service, but ma impression growin up wis that there wis very little Scottish culture available apairt fae Scottish Country Dance music on a Setterday nicht. That situation continued on intae televeision when we got oors in the early 1960s an the White Heather Club wis staple fare. Scotland wis depicted as a kintrae thrang wi carefree kilties, trig an bonnie lassies in white frocks an tartan sashes, operatic tenors singin Scots sangs wi full orchestral backin an the occasional Scotch comic turn fae the Music Halls! Ma folks lued the guid singers like Kenneth McKellar but thocht Andy Stewart an his ilk a bit kitsch for their likin. Eventually in the 1970s anither Scottish stereotype wis addit tae whit we cuid view – the Glesga hard man.

A strang memorie I hae is o ma faither switchin aff the TV because he felt the pictur o Scotland it projeckit, insulted him and the fowk he cam frae. That extendit tae the newspapers we consumed. Faither didnae like the couthy image o Scotland set furth by the kintrae's best sellin newspaper, The Sunday Post, sae it wis baured fae the hoose! I'm no shuir whaur or when I furst cam across the famous quote by Tom Nairn, maist like when I wis at uni in the early 1970s, but it aye mindit me o ma dad an him bein permanently roozed by the parochial an sentimentally couthy in Scottish society: "Scotland will be reborn the day the last minister is strangled with the last copy of the Sunday Post"!

I hae anely ae solitary memory fae the media in ma heid,

o onybody praisin Scotland as a special airt tae be lued an cherished. It cam in a play or a drama series whaur a new born bairn wis welcomed intae the faimily and the grandfaither played by Jimmy Logan made a wee speech tae the effect that the wean had been gien that rare preivilege in the warld – the preivilege o bein born Scottish! I mind the atmosphere in the leivin room – a feelin o belangin an a luve o whaur we cam frae that wis aw the mair precious because it wis a thing we haurdly ever heard fae important institutions that governed oor lives. It wis a byordnar, kenspeckle moment because it wis that rare, it bidit on in the memory.

Scrievin this the day, an bein mairrit tae a Portuguese wumman, Maria João de Almeida da Cruz Diniz, I am awaur hoo unusual that state o affairs is when compared tae anither wee kintrae on the edge o Europe. Portuguese televeision past an praisent is thrang wi programmes that bigg up the kintrae's unique culture tae gie fowk a strang sense o identity wi the national culture. In the furst eichteen year o ma life in Scotland, the anely memory I hae o somebody sayin ocht positive aboot Scotland at aw in the media is the ane jist mentioned! Nae wunner MacDiarmid scrieved aboot aye bein "whaur extremes meet" an gettin tae the hairt o the problem wi lines sic as:

A Scottish Poet maun assume
The burden o his people's doom
An dee tae brak their livin tomb.

By ignorin Scottish culture an history maist o the time, whit thir major institutions o Education an the Media were daein, were giein fowk an idea in their heid that their culture wisnae worth devotin time tae. It wisnae covered because it wisnae worth coverin. Nooadays, we can luik back an see cultural colonialism at wark, but for generations o Scottish weans that wis the warld they inhabited, and the *Weltanschauung* they inherited. It reached glaikit levels in the Secondary Schuils whaur Ayrshire weans, bidin in ane o the earliest industrialised airts in Europe through its textile tradeition, learned aboot the industrial revolution in Manchester an Lancashire, raither than Ayrshire, whaur they cuid see signs o that revolution aw roon aboot thaim!

I realise noo the guid fortune I had tae belang tae a faimily that valued oor language, oor culture an oor history, and passed it on tae me through story and sang and an awaurness o leiterature. I think bein brocht up in the Burns country amang a faimily o singers had a lot tae dae wi that. We kennt that a warld claiss makar had wrocht byordnar poesie and sangs in oor ain dear mither tongue that had "touched the hert" o coontless millions o fowk roon the globe. In the words o the American Makar Ralph Waldo Emmerson, they were "the property and the solace of mankind." The fact that he wis a chield amang us takin notes, meant that we had muckle pride in oor leid and in oor airt, that had gien him tae the warld. Fae ma faither an sister in the Burgh Baund playin A Man's a Man for a' That on New Year's mornin tae me learnin bits o Tam o' Shanter tae win a certificate fae the Burns Federation, an tae faimily pairties whaur dad an his brithers wad sing his sangs like anthems... Burns wis aw roon aboot us, heizin up oor sense o wha we were an whaur we cam fae. He wis a cultural icon that wis oors, but we were blyth tae gift him tae mankind as weel. But we kennt he wisnae the anely ane – sae George Douglas Brown's Hoose wi the Green Shutters set ower in Ochiltree and John Galt fae Irvine scrievin The Provost garred us feel that we were fae an airt whaur great scrievin wis no jist possible, but proven tae wark in monie kenspeckle an skeely weys.

I didnae read Galt's Annals o the Parish when I wis growin up in Gawston, that cam a puckle year later when I studied Scottish leiterature at Embro University, but when I stertit scrievin thir stories an reminiscences o ma life in a wee Ayrshire toon in a specific meinute in history, I realised I wis daein a seimilar thing tae whit the great John Galt had duin lang syne. Gin ye jalouse that I've duin ocht that's hauf as guid as Galt's witty scrievin there, I will be weel contentit! Alang wi ma annals o Gawston pairish in the 1950s an 1960s, I've includit ane or twa chapters fae the same period whaur I experienced fremmit airts for the first time. Curiously, later on I had a Galt connection tae ma traivels as weel, when I wis invitit tae gie a speech at the University o Guelph in Ontario, a toon foondit by ma fellae Ayrshireman in the 19th Century.

Alangside the personal reminiscencies, I decidit tae scrieve a puckle fictional accoonts o the airt in the same period. Ane o the reasons for that is that some o the content wad hae been ower sensitive or ower risqué tae gie the names o the fowk involved, but forbye that, whiles a short story can gie a heichtened version o somethin that the plain retellin couldnae. Includit here are twa aulder stories that hae been published afore back in the 1970s an 80's. Baith are ruited in real events an real people but some o the names are chynged for different reasons. Famie tells the tale o the decline o the Gawston Geggie – the Picture Hoose we aw frequentit regularly for brilliant entertainment an for hot winchin sessions as teenagers. Inrush at Nummer Fower wis based on the oral history o ma granfaither's brither Matha Kay. He wis the chield sent doon tae finnd the missin men efter an inrush o moss intae Gauchalland nummer Fower pit in 1927. Matha steyed in a cooncil hoose at the tap o the Manse Brae in Gawston, and I can mind weel the day I veisited him tae get his mindin o whit happened. Ma ain grandfaithers Kay an Carruthers didnae dee in siccan minin disasters, but they baith dee'd young acause o wastin respiratory diseases fae haein wrocht sae lang in the stoury environment doon ablow grund, sae I never kennt thaim personally. That story is for thaim.

The rest are for you, ma trusty fiers an aw ma brither an sister Scots fae Maidenkirk tae Johnny Groats, and ayont tae the fowk in the airts whaur oor braw Scots tongue is preed an enjoyed as ane o the brawest langages tae emerge fae the Touer o Babel lang, lang syne. I hope that ye enjoy thir annals fae ma pairish and ayont and that they gar ye feel for a while that like me ye were born in Kyle an belang there yet.

Gugs an Team Rollers

They cry me Robert, Rubbert, Roabert, Rabbie an Rab... or Gowk, Daftie, Gaun Bodie, Puir Sowel an Glaikit, but I ken I'm ane o God's ain lang forsaken Gawston weans. I run roun the Toon, an folk nod tae me wi a wee shak o the heid tae the side, say ma name, whiles wi a wee smile or whiles jist recognisin that I'm there, but it's welcome tae me an tells me I belang, I'm pairt o it as much as the miners comin hame fae the pit, the workers skailin fae the mills or the weans rinnin fae the schuil. I belang.

At nicht, I rin up tae the Pictur Hoose, as suin as the doors are open. The wifie in the ticket office is aye buskit braw and aye gies me a smile tae welcome me in. Awbody that comes in efter, finns me doon at the front conductin the music that rings oot afore the pictur begins. I love the guid gaun tunes, the anes that gar ma hert lowp, and ma airms an hauns birl an swee an circle in the air like an eagle I saw in a film aboot Americae. The doucer tunes mind me o the wee burdies I see here, the speugs an stuckies an soarin whaups, or even the chitterin flauchter o the baukie birds that flee past me whiles at nicht on ma road hame. The Kyle folk aw ken me an dinnae bat the winker o an ee when they come in an see me daein ma conductin. Whiles though, I catch a glisk o strangers wi a dumbfoonert luik on their faces, fowk wha'd come fae neebourin toons tae see Sooth Pacific, Jylehoose Rock or The Big Kintrae, an whit they got wis me giein it laldy wi ma conductin while they chachled their sweeties an luikit nervously at their neebours tae get some kinna sign that this wis normal! Whiles I wad direck ma strang conductin straicht et them jist tae gie them a wee fleg durin a Sousa mairch, afore shawin them ma big set o wallies an smilin an lettin them ken they were fine sittin whaur they were. I never saw some o them again, mind! They never belanged.

By day I like runnin roon the streets o the toun wi ma lang coat an ma tackety buits that mak a great noise an a spark on the pavement when I scliff them – ma favourite streets are the anes wi the auld biggins still staunin in Manse Close an the Washin Byne, but the hooses in the new schemes aw hae wee raised stanes aside the path an I can spenn oors lowpin fae ane tae the ither then rinnin across the road an lowpin twa mair. I micht weel be the anely bodie here that's lowped ilka door post in the burgh. The best anes are doon by the Public Park cos in the warm simmer days efter I've lowped a wheen, I can hae a wee lie doon on the gress, syne hae a shot on the swings an the roondaboot. Mammies wi their weans play there tae, an dinnae bother me. I play wi the wee weans tae, lettin thaim chase a muckle sumph like me, an lauchin lood as they dae it. Sometimes at nicht the big boays try tae hunt me awa cryin me Rubbert the Daftie an makin me dowie an sad in ma hert, but maist o them jist let me be, because I belang an they ken that.

Awbody kens that. Ilkae bus conductress atween here an Derval an here an Kilmaurnock kens that tae. Sometimes

I'm doon at the Cross an I'll jist lowp on the furst bus that comes. Usually I jist gae tae the terminus at the enn o Derval or the Bus Station in Killie, then come straicht back tae Gawston whaur awbody kens me. Whiles lang syne, I'd get aff in Gilfuit, lowp a puckle door stops in the scheme there syne dauner alang the Irvine an mak ma wey hame tae Gawston. But a couple o times young yins hunted me an cried me names an pushed an shoved me, sae noo I just tak the bus tae enjoy the hurl, an wave tae fowk in Nyumulls an Derval, or Hurlford an Crookithame but I'm aye glaid tae be back in Gawston whaur I belang.

Apairt fae the Picturs, I love gugs, gugs an Team Rollers. The Gawston gugs aw ken me, an love tae play wi me an lick ma face, an lowp up tae greet me, an rin roon me waggin their tails an fair enjoyin the crack we hae thegither. There's ae gowden labrador cried Crofter that belangs Sannie Kay that aye gaes radge wi joy when she sees me. I clap her an gie her a hug, an she gaes wud wi happiness tae see her auld pal Robert. There's a lurcher cawed Luggie, a greyhound cried Speedie, a spaniel cawed Shuggie, an a whippet cawed Nan that I ken weel, but apairt fae ane or twa wee yappin dugs that deave me an annoy me, the rest are aw sib tae me an ken we're aw wan here. I play wi the dugs ilka day an hae a guid crack wi their maisters tae – guid bodies that's kind tae me. Ma favourite days come when the cooncil's layin a new taur road in the toun. I clap ma hauns thegither when I see the auld green Team Roller, and the driver kens me an waves back tae me an cocks his heid an winks his ee, takin tent tae keep the Team Roller straicht an true. An I lue the brunt smell o the het black taur, an the bonnie sicht o it bein smoothed intae sleekit lines by the muckle rollers as they rowe doon the Glebe Road afore the schuilweans skail ontae the street an their mammies keep thaim awa fae the muckle rollers and fae the taur, but they aye gie me a wee wave, an sae dae the weans... because we aw belang.

MEMOIR

Hame

"East is east. West is west, but hame's best."

Luikin back tae Gawston in the 1950s, whit comes intae ma mind mair than ocht else is the sense o belangin tae a community. That in itsel brocht comfort cause ye were happit in the warmth o an extendit faimily. But it cam wi responsibeilities tae – ye cuid be blythely heidin doon the road for a gemme o fitba at the public park, when an auld bodie, ony auld bodie, cuid cry oot tae ye an say, "Come here, son, wad ye run a message for me? Awa doon tae the bottom store an get me hauf a punn o ham for ma man's tea. Here's hauf a croun an I've written doon ma store nummer in case ye cannae mind it." There wis nae wey ye cuid refuse an auld bodie, sae ye had tae trauchle awa doon tae the shoap an back while yer pals got tore intae wan anither at the fitba. Noo ye invariably got a wee reward o a threepenny bit or some sweeties, but whit sticks in ma heid noo is the communal nature o it. Ony auld wumman cuid commandeer ony wean gaun by their windae tae run a message for thaim. It wis jist the duin thing.

I'm no richt shuir when that wad hae stairtit tae dee oot, but it wis a leivin tradeition richt through the 1960s and '70s,

I'm gey shuir. The aulder generation maist likely kept it gaun later. Ma great Aunt Rosie and her man Geordie Clarke or Ten Clarke as he wis kennt doon the fuit o the toon kepp it gaun as lang as they were leivin. They had a wee hoose whase kitchen windae luikit oot on a road fowk took fae the scheme tae the toon centre. There wis a wee local shop at the corner, sae they didnae need weans tae get their messages for thaim, but insteid Ten yaised the system tae gie weans ony surplus food that the hoose produced. I mind Aunt Rosie lauchin when she tellt me the story o thaim haein a denner o steak pie, tatties an mushy peas wi vinegar. She had made a bigger batch o mushy peas than she ettled tae, an wis aboot tae throw whit wis left oot in the bin. "Dinnae dae that,"said her man, "some wee boay'll be glaid o it, you wait an see."

Sae Ten stood at the windae the neist forenuin, an waitit for a likely lad tae gae by. Seein an eleiven year auld boay shauchle alang the street, Ten chapped the windae, cried him ower an said, "Hey, son, cuid ye go a bowl o mushy peas made wi a ham bane, wi saut an maut vinegar on tap o it?" "Aye!" said the boay, his face lichtin up at the thocht o sic unexpeckit bounty sae early on a dreich day. The boay cam aff the street an intae the lobby, syne ben the scullery whaur he sat an proceedit tae devoor the bowl o peas. Ten Clarke wis delichit an spiered at the boay, gin he wantit a cup o tea tae go wi the peas? The boay, o coorse, said "Aye," and feinishin the peas took a sip o the sweet, mulky tea, and said, "Cuid I mebbe hae a wee biscuit wi this, Sur?" Ten smiled at the boay's gallus exploitation o the situation he himself had creatit, and said "O coorse, son, here's a couple o chocolate digestives for ye – wan for yer tea, an wan for the road." The twa generations pairtit haein fair enjoyed the exchynge wi wan anither. Baith wad tell the story tae fowk they kennt. I got it fae ma Aunt Rosie.

The ither side o this wis the idea amang young yins that somebody wad aye gie ye a haund if ye were stuck. It wisnae an idea o dependence, jist the feelin that there wis eneuch guid fowk roon aboot ye, that nae hairm wad come tae ye, and ye wad get a wee bit help gin it wis necessair. A guid example o this tuik place on the nicht o Aprile 17, 1961, when I tuik ma nine year auld sel awa on the bus tae Killie tae see a byordnar fitba match at Rugby Park atween Kilmaurnock FC an Bangu fae Brazil – maybe the anely time a Brazilian club team ever cam tae Scotland. Killie won 1-0 in front o eichteen thoosan spectators. I mind mairvellin at the athleticism o the black Brazilian players, and the cool padded jersey worn by their giant goalkeeper. At that time keepers in Scotland were happit in yella woolen polo necks, sae in oor een this wis some fashion statement made by the braw, big Brazilian lads that nicht!

But apairt fae the exotic nature o the gemme, in monie weys it wis typical o this sense o community that I'm eident tae convey tae ye as a gey important pairt o growin up in Kyle back then. I realise tae, whit a different warld it wis, an jalouse that some fowk readin this will be dumbfoonert wi whit the day wad be seen as the want o child care! Naebody wis fashed if weans disappeared intae the kintrae for oors on end lang syne, an ma mither an faither didnae fash if their nine year auld boay gaed awa tae the big toon doon the Lang Luik an jyned ower eichteen thoosan fowk packed thrang thegither tae watch a fitba match. They didnae fash, but they also didnae ken... that I had spent a chunk o ma pocket money on a comic an sweeties... an didnae actually hae siller eneuch tae cover whit I wis aboot tae dae.

Bein fitba daft though, that didnae haud me back. I had eneuch for ma bus fare fae Gawston tae Killie, sae that wis me aff tae a guid stairt, I jaloused. When I got tae the grund, me an a wheen ither waifs luikit pleadingly intae the een o stoot buirdly chiels an said "Gie's a lift ower, Sur?" It aye worked, an it worked for me that nicht. I saw the glamour gemme for hee-haw an had a braw nicht oot. I jist had the wan wee problem still tae solve – hoo tae get the 5 mile hame tae Gawston on a daurk Aprile nicht! Nae bother! I jist stood in the queue for the Gawston bus at Kilmaurnock bus station wi the same open ee'd luik on ma face, scoorin the fowk for the face o a frien. Eventually ane o ma faither's brithers, either ma uncle Jim or ma uncle Tom, came by an spiered why I wis staunin there? I explained ma siller-less state, he kinna shook his heid as if tae say "Ye're some boay", or maybe even "ye're some chancer", but ye're oor Alex's boay sae come on, I'll pey yer bus fare back hame! An unforgettably braw nicht oot for an ootlay o ane wean's ticket on the bus fae Gawston tae Killie, ye hae tae admit! Frae scenes like these, Auld Scotia's grandeur springs!

The ither kenspeckle day associatit wi the fitba took place on Aprile 24th, 1965. Ma faither and I had gaen tae maist o Killie's hame matches at Rugby Park for a wheen o year an we had seen thaim aye end up bein saicont best, be it in the league or in various cup finals – ane o the latter wis parteicularly painfu as faither an the weans traipsed doon the muckle stairs o the auld East Terracin at Hampden disappyntit at losin yet anither cup final in 1962 wi oor wee hame knitted blue an white mannies droopin in the rain. Hauf wey doon, a roar gaed up abuin us – Killie had equalised in the last meinute! We breenged back up the stair, anely tae discover that thon muckle sumph o a referee Tiny Wharton had disalloued the goal, sae Hairts hung on tae beat us 1 – 0 an lift the League Cup.

Houaniver jist a few years later cam the opportunity for revenge an for Fitba Karma tae mak richt the wrangs o the League Cup Final! In the run up tae the last few gemmes o the season, Killie had come fae naewhere tae bigg a strang title challenge... a title that wad be determined in the end by fine mathematical detail. Onywey, I think it cam as a bit o a surprise tae maist fans when aw the penultimate gemmes were feinished, that their team cuid win the League gin they bate the Hairts by twa clear goals at Tynecastle on the last Setterday o the season! On the ither haund, if Hairts drew the match wi Killie or even if they tint the match by jist the ae single goal... they wad be crouned Scottish Champions for the 1964/5 season. It wis as if the Gods o Fitba decidit tae hae some fun an set up the maist dramatic end tae a season imaginable!

Ma faither persuadit his pal John McSkimmin tae tak us alang the length o the A71 fae Gawston tae Tynecastle, a road that took us across the green hills an muirs o Ayrshire, the bonnie airt o the Clyde Valley, syne through the auld industrial an minin toons o Lanarkshire an the Lothians, includin Breich whaur ma mither wis born. Tynecastle wis aye a grund wi a guid atmosphere, an that day it wis thrang an stappit fou wi mair nor 36,000 Killie an Hairts supporters. We funnd an airt tae staund that wis near the middle o the park, an in thae days afore strict segregation o fans, we were surroondit by Hairts supporters wi maroon favours an Killie fans wi their blue an white scarves, tho the feck o the men there cairried nae colours on their coats and suits ava, an were united by the weirin o the ubiquitous bunnets o the period. Whaur we stood on the terracin, Killie were shootin left tae richt, an aw ma ain memories o the match in ma heid tuik place in the goalmooth doon tae oor richt haund side... Davie Sneddon heidin us aheid, Brian McIlroy scorin the precious saicont goal, baith in the furst hauf, syne the lang, lang saicont hauf as Hairts surged forrit, wi the Killie keeper Bobby Ferguson pullin aff a miraculous save in the deein meinutes tae deny Alan Gordon an gie his team the goal that wad hae won the league for Hairts! When the final whustle did soond, there wis huggin amang the Killie thrangs dotted roun the grund an the sicht o the manager Willie Waddell rinnin ontae the park tae gie a bosie tae his players.

Luikin back tae that day lang syne – I wad hae been been thirteen year auld at the time – whit wis remairkable tae wis the ceivilised nature o the encoonter amang the fans. There wis nae aggression ava that I can mind o, wi men on the field and on the terracin shakin haunds in a guid sportin mainner an congratulatin the winners for their byordinar achievement. Ae ither memory I hae is gaun intae a wee newsagent shop near Tynecastle tae buy tattie crisps an a bottle o ginger for the lang road hame, an bein served by a kindly man wha I wis tellt had been ane o the boays wha had played wi the great Hairts team o the 1950s – Willie Bauld.

Again there wisnae a hint o resentment, jist the idea that the best team had won on the day, and tho ill tae thole, it wis jist a gemme o fitba, efter aw. But for Killie, it really wis some achievement – the ane and anely time they ever won the League. Whit a wey tae win it!

This strang sense o community we were thirled tae raxed oot an reachit nearly awbody, an it wis gey common for faimilies tae keep an ee oot for aulder weedow weemen that steyed alane in their hoose. Younger mairrit weemen wad veisit thaim for a cup o tea an a blether jist tae mak siccar that they werenae aw their lane aw the time. Takin a pot o soup ower tae an auld bodie wis common tae. No in ma ain day, but in the earlier generation I hae even heard tell o neebours cairryin a muckle lump o coal neist door – whit they cried a raker at that time – tae puit on the fire tae keep it gaun during the winter. Gawston yist tae be surroondit wi pits, an as late as ma bairnheid in the 1950s an 60s there wis still a wheen miners that got picked up in Gawston an taen ower tae the Barony pit near Mauchline. In fack, the Bard o the Barony, Ranter McDonnell, steyed in Gawston an scrievit poems and sangs aboot life doon the pit. Here's a wee flavour:

> Every mither's son's a gaffer
> Doon this God forsaken hole
> "Biler suits" are noo the fashion,
> Book an pencil dig the coal.
>
> Intellects gie oot the orders
> Super this... or super that,

They're the yins that get the lolly;
We get lean while they get fat.

Afore transferrin tae the Barony
Attend the nicht schuil if ye can,
Sell yer pick an buy a pencil
You'll be made a Super Man!

Holy Moses. Guidness Gracious!
Hail Sallassie – whit a pit,
Land o Brass Hats, silver Glennies,
Jine the sodgers while ye're fit.

Coal wis whit wis yaised tae heat the hoose. Naw, I'll rephrase that. Coal wis whit wis yaised tae heat the leivin room, cos there wis nae heatin in the bedrooms! In contrast tae the cauld bedrooms, the leivin room wis a warm bield for cooryin in, whaur ye luikit intae the lowe o the lowpin flames in the ingle neuk an yer imagination cuid flee an soar an ye cuid be onywhaur an onybody ye wantit tae be. I mind tae that we had a lang fork that we yaised for toastin breid – puitin it as near the flames as ye could tae gie it that weel fired flavour that awbody lued. The thick ootside bit o the plain loaf wis by faur the maist desirable, daurkest broon an crisp on the ootside an saftly douce an unctious on the inside... ye jist needit tae spreid it stracht fae the fire wi fresh sauty butter an hame made damson jam tae mak it the best hing ye ever tasted in yer life! (Noo, I hae heard tell that ither pairts o Scotland cry this ootside bit the heelie, the heel an e'en the ootsider, but they're aw wrang – it's the ootside bit. Telt!)

An idea o hoo important a role coal played in oor lives lang syne can be gleaned fae the fack that ma mither puit ma name on a Store raffle ticket when I wis aboot seiven year auld, an when I actually won ane o the best prizes – a bag o coal – ma reputation o bein lucky wis established an the faimily wad aye pit ma name on ony draw takin place.... jist because I won a sack o the black gowd back in Nineteen Fifty Eicht! Roon aboot the same time, anither ticket in a raffle I wis entered intae won the faimily a pair o blankets tae, an this wis added tae ma lucky legend. The fact it took me another fifty year tae win ocht else – a sack o tatties an a bottle o Rioja at a local fundraiser in Fife – didnae maitter at aw. That bag o coal won in the faur aff youngness o ma life gied me the Oor Billy's lucky tag for the rest o ma days!

In thae young days, I mainly yaised the coal bunker tae scrape the leftowers fae ma dinner ontae the coal, then tae smoor the evidence wi mair coal, syne gae through tae the livin room tae jyne the faimily. I wis a gey picky eater as a wean, sae ma ploy wis tae taigle at ma denner, sae I wad be left alane in the kitchen tae feinish it. That worked no bad, until ae day ma mum came ben the kitchen luikin for me an funnd me staunin in the actual coal bunker an scrapin cauld tatties ontae the coal. She probably had tae gie ma face an hauns a guid dicht wi a wat cloot, an synd thaim wi watter afore rehabilitatin me intae the bosom o the faimily in front o the fire ben the hoose.

There we had a big wireless set that wis a piece o furniture as weel wi its polished mahogany-wuid surroond. We didnae get televeision till the early 1960s sae we maun hae lugged intae the news an sports programmes on the wireless, an I mind ma parents talkin aboot a Scottish comedy programme cried the McFlannels that wis set in a Glesga tenement – a rare example o somethin resemblin their ain language an culture bein beamed intae their hooses. Apairt fae that, eenins were spent sittin roon the fire wi me an ma sisters readin comics like the Hotspur, the Bunty an the Judy or whiles playin board gemmes and playin cairds for pennies – the Carruthers and Donaldsons fae Fife were aw intae gamblin wi cairds, an ma mither continued the tradeition. She widnae exackly pauchle tae beat her weans, ken, but I'm gey shuir she wis tempted whiles! Baith her an ma dad read novels oot the Gawston Library, wi her luein the scrievin o the Brontës – Wutherin Heichts bein a favourite for her.

Things chynged dramatically o coorse when we got the TV, tho if I mind richt we got it a bittie later than ither faimilies alang Loudoun Avenue. We didnae hae a televeision in 1960 e.g. when Real Madrid beat Eintracht Frankfurt 7 – 3 in the European Cup Final at Hampden, cause I mind gaun up tae a neebour's hoose, the Carruthers at the tap o the street, tae see it an mairvel at the staundart o the fitba on show. We did hae it tho when Scotland beat England 2 – 0 at Hampden in 1962 then again 2 – 1 at Wembley in 1963, cause I remember oor neebour auld John Murray comin roon tae oor hoose tae see it. In the latter gemme we tint oor captain Eric Caldow efter aboot 6 meinutes when he brak his leg sae we had tae play the haill match wi 10 men back when nae substitutes were alloued. Fae memory the English striker did manage tae come back on efter the clash wi Caldow, sae it wis ten and a hauf men against ten, an the boays in blue still won! As a Scotland fan, nae wunner I'm nostalgic for thae days!

Thir stories aboot fowk gaun fae hoose tae hoose tae see events on the telly again gies an idea o the homogeneity o the community – naebody got left ahin because they couldnae afford somethin. I amnae sayin it wis ae big happy faimily – there were drunkards and bullies an chaves an tulzies an rammies as there are in ony airt in the warld. But because it wis solidly workin cless an the workin cless at that time cuid aw get a job quite easily, then the tensions that arose later in the 1980s e.g. through Thatcherism, the closure o the pits an maist o the mills an factories up the Valley, didnae bother us at that time. Aye there wis whiles manifestations o verbal sectarianism fae a low life few, but fowk maistly got on maist o the time. There were nae fowk at that time wi a different skin colour, sae racism never liftit its ugsome heid, though I'm shuir racist thochts existed through ignorance.

We had ane or twa Polish fowk in the Coonty Scheme – the weans o Polish sodgers stationed here durin the war, syne bidin on an warkin on the fairms in the rich Ayrshire kintrae ootside Gawston. I had a boay in ma cless cried Andre Zaisluik for example. Ye had a puckle Scots Italians that run their cafes, ye had the descendants o the Irish that had come ower fae airts like Donegal an Sligo – their weans alang wi the Italian yins gaed tae the Catholic Primary Schuil, St Sophia's in Gawston, syne St Joseph's High Schuil in Kilmaurnock. We maybe even had descendants o fowk that had come back ower the sheuch efter bidin in the North o Ireland for a wheen generations and whase fowk cam fae Antrim an Down. I scrieve this, because the few faimilies that had overtly sectariam prejudice against Catholics seemed tae hae names that suggested they'd had a sojourn in Ireland at ae time!

The anely English bodie I can mind o wis Mrs McCafferty, wha wis stane deif an spak loodly in her braw Geordie twang melled wi the Scots she'd extendit it wi since she mairrit an Ayrshireman an moved tae Kyle. Ma mither wis great pals wi her, an ma faither veisited her hoose across the road aften tae, tae puit his line on for the horse racin – for her man wis a Bookie's Runner. There wis wan ither ethnic strand in the toon that cam fae the Celtic kintrae o Cornwall in the Sooth West o England. They were integrated noo but the aulder minin faimilies held auld resentments against thaim, as they were pairt o a wave o Cornish miners brocht in tae Ayrshire as strike brekkers, tae stop the pouer o the local miners an their unions. I can mind ma faither talkin aboot that, an ane o the names that came up wis Chenoweth. I'm shuir they'd had a reuch an teuch walcum whan they arrived, but amang their grandweans' generation like mine, that wis lang forgotten.

Awbody had friens an relations abroad, but they were that faur awa that it wis gey rare for thaim tae come hame, sae reunions were few an faur between. The faimily whase hoose I watched the Real Madrid v Eintracht gemme in had a dochter wha did appear regular because she wrocht for Pan Am airweys in New York, an in thae days they had regular flichts atween Idlewild and Prestwick Airport jist doon the road fae Gawston. Moira Carruthers wis glamorous tae us because she wore loads o make up compared tae the Gawston weemen, an had claes that luikit expensive. She also wore mair claes in the Simmer than we did cause she wis yaised tae the heich temperatures in Manhattan an had tae hap up tae thole the caller climate o Kyle!

I've mentioned elsewhaur relations wha were ma faither's cuisins an their faimilies that emmigrated tae Wisconsin in the States. I mind o thaim comin hame an gaun tae veisit thaim in in Manse Close at ma great Aunt Rosie's hoose there, an mairvelin at their American twangs. They had a wee boay cried Billy wha tragically dee'd young in an accident. Ma faither had cuisins or saicont cuisins awa in Dunedin in New Zealand tae, but I cannae mind o ony o thaim makin the lang journey hame.

As a wee boay, the American relatives were attractive tae us because the comics we read an the pictures we gaed tae sae aften had American settins, an as a result ma generation played gemmes o Cowboys an Indians raither than Scots an English that had prevailed wi aulder generations. There's a photie o me aged fower taen ootside the Nursery Schuil up the Manse Brae in Gawston, an ye can jist aboot mak oot the image o a cowboy on his horse wi a lasso threided intae the pooch o the short troosers I'm weirin!

I wis obsessed wi cowboys at that time. Ae day, gaun roon the coarner tae see the Murrays, John had a veisit fae a man cried Wugs wha wis gaun aff on a hoaliday tae America tae see relatives ower there. Seein ma chance, I spiered at Wugs whether he cuid dae me a favour and bring me back a horse? Accordin tae the pictures I saw, the American West wis hoatchin wi thoosans an thoosans o wild horses, sae shuirly naebody cuid objeck if ane o thaim came hame tae me in Gawston? Wugs agreed wi ma reasonin, and said he wad dae his verra best tae bring me hame a horse. He left, wi me tellin him that I wad tak onythin gaun, but if there wis a choice, askit him gin he cuid wale a braw black an white powney for me. "Nae bother, Billy," said Wugs an we pairted on guid terms.

Roon aboot a month efter that, I heard that Wugs wis back fae America, an that he wis up veisitin John. Naturally, I rushed roon the corner tae Welbeck Road, expectin tae see ma horse grazin on the grass in front o John's hoose an aside the Provost's lamp – for John wis Provost o Gawston at that time. There wis nae horse there, but maybe it wis roon in the back gairden, jist ower the hedge fae ma ain back green? I chapped the front door an gaed in tae confront Wugs aboot the missin powney. "Billy, son," he said, "I did get ye a horse. I tied it tae the railins on the deck o the ship an wis keepin an ee on it, but as the boat wis leain the herbour in New York, a cowboy cam rinnin ower tae the edge o the quay, gied a lood whistle, an hearin it, the powney perked up its lugs, yanked its heid up tae pu its reins awa fae the railins, lowped intae the watter an swam back tae the cowboy!" I wis totally gutted, an I'm gey shuir it showed, but the puir sowel had duin his best an I didnae want tae hurt his feelins. I did say though wi a petted lip, "Cuid ye no have tied it up better?" He jist shrugged his shoothers. Tae this day though, I think tae masel, "Why the fuck did he no tie the knot tichter?" Ma life wad hae been that different as a fower year auld wi a horse up the scheme in Gawston!

The ither big cowboy disappyntment in ma bairnheid cam when the Circus breenged in tae Gawston. As faur as I can mind, it wis the yin an only time ony Circus came tae Gawston. Nae wunner, it wis the worst Circus in the warld. I probably persuadit the faimily tae go because there wis gaun tae be an appearance at it by Davy Crockett – the real Davy Crockett come aw the road fae Texas tae appear like a God amang the weans o Gawston. Wow? Tae say I wis luikin forrit tae it wis an undeemous unnerstatement... I wis gantin for it... ma wee hert wis thumpin for it... I'm gey shuir I wis puin ma mither, ma faither, oor Mary an oor Janette oot the door efter oor tea tae mak shuir we were there early eneuch tae hae front raw saits close tae the man himsel. A bit like weans the day wi their replica fitba taps wi the name o their heroes on the back like Ronaldo or Messi, I went tae the circus wi ma verra ain Davy Crockett hat, a fur bunnet complete wi whit I wis tellt wis a raccoon's tail that trailed doon the back o ma neck. Mair than likely on the walk doon tae the fairgrund neist tae the Irvine watter, I wad hae sung the sang we aw kennt aff bi hert:

> Born on a mountain top in Tennessee,
> Greenest state in the land of the free.
> Raised in the woods so's he knew every tree,
> Killed him a bear when he was only three.
> Davy, Davy Crockett, King of the Wild Frontier.

At the Circus Tent we were tellt that we cuid sit on the wuiden benches, the chaip saits, or we cuid pey dooble the price an gae tae the VIP section whaur the anely difference wis the bit o blue claith coverin the same wuiden saits. The haill o Gawston sat on the chaip saits, except for maybe twa faimilie that owned businesses in the toon an wha sat in splendid isolation in the dear section. I wisnae bothered either wey, cause I wis jist there tae see the man, tae see Davy.

The rest o the Circus is jist a blur in ma heid – some jouglers, a totie wee bodie, a strang boay, an a clown that naebody laughed at - but imprintit indelibly, naw, seared for evermair on ma wean brain wis the fanfare an the big annooncement for the meinute we'd aw been waitin fur... DAVY CROCKETT.

A wee bodie held back the flap o the big tent... an there in front o oor very een... wis an auld howe backit dunkey, an sittin in the chasm o the dunkey's sairly deformed back wis a wee mannie in buckskins an a possum hat wi a tail jist like mine. It wis sae much like mines, that it was probably bocht in the same toy shop in Kilmaurnock! When I wis confrontit wi this Dauvit Crockett farce unfauldin afore me, I stared bumbazed wi ma big een, an said the wicest, truest words I had uttered in aw ma seiven year on the planet, "That's no Davy Crockett, mum!" Whit I really meant tae say wis "That's no fuckin Davy Crocket, maw – dae ye hink ma heid zips up the back?" Noo ma puir wee mammy, ma guid-hertit sowel o a daddy and ma saft-hertit sumphs o big sisters wad hae drawn on aw their resoorces o tellin me that Santa Claus did in fact exist, an threap on that this wee nyaff o a bauchle on a howe-backit dunkey wis indeed the King of the Wild Frontier richt eneuch, but I kennt better an they couldnae fuckin diddle me! Like maist fowk ma age luikin back ower seiven decades, I've had tae thole monie disappyntments that were ill tae thole at the time... but realisin that Davy Crocket wisnae ever comin tae Gawston wis doon there amang the waur o aw the dulie an dowie experiences o ma lang life. Davy Fuckin Crockett, ma erse!

The Last Gemme

The last gemme o fitba played in Gawston took place on Friday October 26th 1962 when the toun knock chapped fower an we aw rushed tae the Public Park on oor wey hame fae the schuil. I wis eleiven year auld at the time, but I cuid hae dee'd happily because it wis wan o thae gemmes whaur awthin gaed perfectly for ma team an nocht gaed richt for the opposeition. Me an wee John Paton – or Pawton as it wis pronoonced locally – ran riot up front wi a wheen brekawa goals that yaised oor lichtnin speed an skeel tae blooter hauf a dizen goals past their gomeril o a goalie, puir wee sowel! We were that guid that day, that when I didnae hae the baw, I regularly kept an ee on the opposeition tae mak siccar they didnae move the goalposts... somethin that a sleekit goalie cuid easily dae whan naebody wis luikin, as they were made up o the boays' jaikets an jerseys!

The reason we were playin the last gemme o fitba wis ruited in warld events faur awa fae oor wee pairish o Gawston, faur awa fae the pairish o Loudoun across the Irvine, faur awa fae Kyle, Carrick and e'en Cunninghame in a fremmit airt cried Cuba... an island that wis awa ower the ither side o Arran, ayont Kintyre an tint in the braid roar o the Atlantic seas faur fae hame. The big fowk cried it the Cuban Missile

Crisis and they aw had their lugs glued tae the wireless or their een sunk in their paper tae get the latest news o the approachin Armageddon, that some said wad end wi the Roushians an the Yanks blawin the warld tae smithereens an Deil tak the hindmaist! Onywey, the dowie talk got tae the weans as weel, an that's why the boays in oor cless organised the last gemme o fitba tae be played on planet Earth.

And I mind that the yird wis braw that day – the sun blinterin heich in the lift but the wather caller an douce on the chosen grund... the streitch o Portland Park rinnin alang side Park Road, an separatit fae the rest o the gress bi the fuit path gaun through the middle. This wis oor walit grund, for ane o the maist kenspeckle gemmes in fitba history... and mind weel that it wis us that inventit the gemme o fitba hunners o years afore we took tae the field on that byordinar day. The sides were walit usually bi the twa best players pickin the neist best player ane by ane until they cam doon tae the no sae guid players that aye got a gemme but were there jist tae mak up the nummers an werenae expeckit tae dae ocht o importance durin the match. I say this because it shuid hae been an even match wi players o seimilar abeilities, but insteid, oor side jist blootered the opposeition intae obleivion that day an Karma wis definitely on the Kay boay's side.

I can still see in ma mind's ee ane o wee Pawton's goals, efter he wis played in by me skelpin doon the richt wing an gien him a lang sweepin pass that split their defense wide open. An I can mind the feelin o nostalgia at the enn o the match, when we said oor fareweels tae the ither boays an heidit up Portland Road tae Loudoun Avenue alang wi the boays that bidit there. We aw hoped we'd meet again, an gae back tae the schuil on Monday mornin, an maybe even play anither gemme o fitba the morn's mornin... but for thir lads on that October Friday efternuin, there wis a tangible feelin abraid that oor warld could be endin gey suin an there wis nocht we cuid dae aboot it at aw.

Noo by a fey an eldritch co-incidence, roon aboot twinty year later in ma life in oor capital city o Embro, I met the man that saved Kyle, Cunninghame, Carrick an the haill universe forbye, back in October 1962. And sae it cam tae pass, that on the verra day we were playin the last gemme in Gawston this chiel cried Paul Henderson Scott, wha wis warkin as a British diplomat in Cuba at the time an kennt Castro and his faimily weel, receivit whit he cried "a frantic, emergency telegram" in the British Embassy that cam fae the heid o American Intelligence himsel. They were spierin at Paul for his help as a maitter o urgency. For while that day o October 26 wis a braw day wi clear skies in the Wast o Scotland an the guid wather wad haud the haill weekenn, in Cuba it wis a gey dreich day wi laigh cloods an a haar that smoored the hulls in the kintrae awa fae Havana whaur the Roushian missiles were stored an airtin thaimsels tae Miami an the East Coast o the U.S.A. The wather wis that daurk an dowie ower that weekend o the heichest tension in Cauld War history, that wi aw their advanced technology, the Americans had nae wey o spyin on the Roushians fae the lift, an nae wey o kennin whether they an their Cuban communist allies had actually duin whit they had hecht they were gaun tae dae... tae move the hostile missiles sae that they were nae langer pyntin at Florida, 90 mile awa across the Caribbean. Gin they'd duin that, there wis nae danger tae warld peace. They needit a man on the grund tae tell thaim whit wis whit, as Kennedy an Khruschev spiered deifficult questions at wan anither tae see wha wad blink first. An American pilot had been shot doon, an fowk wis genuinely feart o whit cuid happen neist. As a Burns man and a Scottish patriot, Paul must hae had the words o Scots Wha Hae dirlin in his heid as he got yokit tae the darg he had tae dae, "Now's the day, an now's the hour."

He wis young an weel peyed at the time, an had a wee reid sports caur that wis straicht oot o the James Bond films that we saw later in the same decade. He hained as weel an urbane sophistication aboot him similar tae Fleming's hero, sae he wis weel suited tae this mammoth darg. He got intae his caur, drove alang the sea front o Havana, syne swung oot on the road tae the mountains o the interior o the island. He kennt whaur he wis gaun, cause there wis nae hotter topic in British an warld diplomatic circles at the time as the missiles in Cuba. He drove through the smirr o rain an the laigh mist on the hulls, till he reachit the spots he wis airtin for, whaur he kennt he cuid observe whit wis gaun on in the muckle military complex there. Wi his field glaisses he cuid scan the sites an verify that the missiles had been withdrawn fae the airts they were on jist a day or sae afore, an were nae langer a threat tae the United States or tae the Free Warld... an that includit Gawston in the hert o Kyle.*

Paul made siccar, syne drove back doon intae Havana tae report his gleg finnins tae the Americans. I'm shuir, kennin Paul, that efter the darg wis duin he wad hae a dram, or a Cuba Libre, or a gless o claret tae toast oor continued leiberty tae bide in peace wi oor neebours, an kennin Paul tae, the toast he'd hae proponed tae his British an American colleagues wad hae been, "Whisky an Freedom gang thegither, tak aff yer dram!" Paul wis a lifelang believer in Scottish independence, an awbody in Cuba at that crucial time wad hae been gey awaur o that fack. The man that saved the warld wis a fellae Independentista.

Years efter hearin that story fae Paul's ain mooth an hearin his descriptions o meetin Fidel an ither members o the Castro faimily, I wis invitit tae a birthday pairty in the New Club in Embro for Paul's 90th birthday... whaur oor loquacious First Meinister at the time, Alex Salmond, tellt the gaitherin praisent hoo Paul had indeed saved the warld. I'm shuir it wis at that kenspeckle gaitherin that I tellt Paul whit the Gawston boays were daein in Kyle, while he wis ettlin tae save the warld in Cuba. By then we saw each ither regularly at the Cross Pairty Group on the Scots Leid at the Scottish Pairliament that he nearhaund aye attendit wi his Italian wife Laura. Gin he's able tae read this fae the heichs o Heiven, I'm gey shuir he'll be delichtit that his wark is commemoratit in oor mither tongue as he lued the leid wi a passion.

Paul had been the SNP's culture spokesman for monie year an produced a wheen o braw books on awthin Scottish, fae the poetry o Hugh MacDiarmid tae the ugsome anomaly o our constitutional poseition as a Nation withoot a State, whaur he yaised a quote fae Pierre Trudeau in the title - In Bed with an Elephant. Paul dee'd at the age o 98 in 2019, an I wis gled tae say a puckle words aboot him at a memorial event at the New Club whaur monie o the kintrae's finest makars, scrievers an politeicians gied laud tae his role in the ongaun Scottish renaissance.

Back in Kyle whan the day dawed on Monday October 29th 1962, we aw gaed back tae the schuil, fair trickit wi the braw news dirlin in oor lugs fae the wireless, that the Roushians had backit doon in Cuba an that for noo the heich tension o the past puckle days wis ower. The last gemme wisnae the last gemme efter aw. But for me, the thocht that it wis the last gemme made it bide douce in ma thrang memory bank for aye... an I probably never, ever played sae weel again.

Nocht else o muckle note took place in the Pairish that year, but the Kay faimily did get their furst ever televeision set, an on it we saw oor furst ever live Scotland international match in Aprile when we beat England 2 – 0, oor furst victory at hame against the Auld Enemy since 1937. Thon wis definitely a guid, guid year for gemmes o fitba!

* Mair in the book *A Twentieth Century Life*   Paul Henderson Scott

Ma Mither

Ma mither wis born in Breich in the middle o the Lothian coalfield, whaur her faither wis a pit sinker – the chield whase darg it wis tae mak new seams o coal accessible by excavatin new shafts that gaed deep unnergrund. E'en in an industry whaur danger wis aye jist roun the corner, pit sinkin wis aye regairdit as ane o the maist dangerous o dargs. They yaised explosives tae blast open the shafts, syne yaised heavy graith as weel as their ain virr tae mak the project wark. It wis specialist an skeely wark as weel, sae they maun hae been peyed mair nor the colliers theirsels. The muckle wark involved ilkae time a shaft or a pit wis sunk meant as weel that they traivelled tae whaur their skills wis needit an the faimily moved wi thaim.

That's why ma mither wis born in Breich in the Lothian coalfield, grew up in Mauchline in the Ayrshire coalfield, an then flitted tae Bowhill in the coalfield o Wast Fife. That wis whaur she steyed wi her faimily in Seiventeen Street in ane o the monie Miners Raws that streitched oot in parallel lines in the thrang an steirin minin veillage o Bowhill in the early pairt o the 20th century. As a single lassie workin for the NAAFI durin the war at a camp somewhaur in the area o Rumblin Brig, Glendevon an Brig o Turk, she met ma faither wha wis a young Meilitary Policeman wha trained dugs. He wis fae a Kyle minin faimily as weel in that generation, but his granfaither wis a maister mason an afore him there wis soutars an fairm workers in the faimily gaun back tae Burns's time in Ayrshire. Ane o the faimily stories that cam doun tae us wis that we were sib tae the Davidsons doun in Kirkoswald lang syne – the faimily o Soutar Johnnie Davidson wha maks an unforgettable appearance as a carousin story teller in Tam o Shanter!

Onywey, whan they got mairrit in Auchterderran St. Fothad's Parish Kirk on Hogmanay 1943, they were a braw couple, wi Annie luikin bonnie wi her daurk hair, big een an a winsome Mona Lisa glisk o a smile, lang silken dress wi a matchin white veil an a bunch o flouers on her airm. In the anely photie we hae, faither luiks prood an vauntie in his sodgers uniform wi the brawest lassie in the warld aside him.

Luikin back on their influence on me as a bairn, I think ma mither wis closer tae a leivin oral tradeition than ma faither. He kennt aw aboot the history o Gawston an wis weel read in the poetry o Burns an ither makars fae oor airt in Kyle. Ma mither tho spent her formative years in Fife, an wis closer mebbe tae aulder tradeitions that gaed back hunners o years. In his byordnar wark on the fowklore o Auchterderran pairish whaur he wrocht as the pit doctor for monie year, the makar David Rorie pynted oot hou isolated the area wis in thir early decades o the twintieth century lang afore the road brigs ower the Forth an Tay were biggit. He kythed praticks in fowk medicine relatin tae the birth o bairns – his speciality wis obstetrics – but he collectit saws an stories that seemed tae come fae a faur awa time when fowk were closer tae nature, tae supersteition an tae their ain auld leid as weel. In a wey, I think ma mither inherited aw that as weel, an passed whit she hained on tae her bairns.

Whauras maist fowk in Kyle kent anely Burns sangs an local sangs, she seemed tae hae a wider repertoire – 'Braw, Braw Lads o Gala Watter' fae the Borders, 'A Pair o Nicky Tams fae the North East' an 'There Wis a Wee Cooper that Lived in Fife' were sangs fae across the kintrae that she kent an passed on tae me. As weel as that she had bairn-rhymes an gemmes that she played an passed on tae the delite o wee totie babbies in ma ain faimily, baith weans an grandweans. Ane wis whaur ye tak the wean's haund an draw a circle on his or her loof wi yer pyntin finger sayin, "Roon aboot, roon aboot gaed the wee moose," then belyve an aw o a sudden, ye rin yer finger up their wee airm an tickle thaim unner the oxter. "Up the stair, up the stair, in her wee hoose!" Nae maitter how monie times ye did thon, it aye caused muckle hilarity. As the wean had nae idea how lang yer finger wad gae roon aboot, roon aboot, an wis aye takin tent o when the oxter attack wad happen, they were on tenterhooks waitin on their weird tae befaw thaim!

Anither gemme for totie wee anes she had wis whaur she put the twa fingers o her richt haund at the back o the bairn's heid, syne walkit the fingers forrit tae their foreheid sayin, "There wis a wee man, cam ower the hill." Stoppin the fingers on the baby's broo, she then said "He chapped on the door, keeked in, liftit the sneck an walked in," wi her fingers doucely chappin the broo, gently liftin ae ee lid tae keek in, syne liftin the wee neb as the sneck an kidded on she wad pit her fingers near the bairn's mooth "tae walk in". Babbies jist lued this an cuid tak it time an time again.

There wis also dandlin sangs whaur the bairn wad sit on the knee or on the ootstreitched legs an kid on they were ridin a cuddie, an the thrill an fleg cam when the knees or legs opened an the wean had the sensation o fawin aff the horse afore bein caught miraculously by the mammy, daddy or granny! Ae daft sang she had for that wis "Hey Jock, ma cuddie, ma cuddie's ower the dyke, but if ye fleg ma cuddie, ma cuddie'll gie ye a bite!" She had ane or twa lullabies in her heid that she yaised whan they were rowed in a blanket against her kist wi their heids restin on her shooder tae gar thaim dover an hopefully faw ower intae sleep: "Ally Bally, Ally Bally Bee, sittin on yer mammy's knee, greetin for a wee bawbee, tae buy some Coulter's candy!" "Go tae sleep, go tae sleep, go tae sleep, ma daurlin, go tae sleep the day." When she wis puttin us doon tae sleep at nicht, efter we were tucked in, she wad sing, "Good Night, Ladies, Good Night, Ladies, Good Night, Ladies, we're off to leave you now. Merrily we roll along, roll along, roll along, merrily we roll along across the deep blue sea." She micht hae chynged ane o the Ladies tae Laddies on ma behauf, but whitever it wis she did, it wis perfect for cooryin in an gaein tae sleep. I can hear her in ma heid jist noo as I scrieve this here abuin the Tay in Fife in 2022! Luikin intae it for the first time sinsyne, I realise it cam fae a 1957 Broadway musical cried The Music Man, sae hou it entered the repertoire o ma mither I'm no muckle shuir, but I'm gey shuir it wis sung monie nichts in Loudoun Avenue tae me an ma sisters afore the film cam oot in 1962.

As weel as the douce, saft lullabies she wad whiles walk the babies when they were rowed in the shawl tae stranger rhythmic tunes like mairches that wad hae the same effect o garrin thaim faw ower, awmaist in spite o the virr of the tune's rhythm. I can recommend this method tae mithers, faithers, granmithers an granfaithers the day as I've yaised it mysel an fund it mair effective whiles than the saft lullabies. The air I yaised wis Lord Lovat's Lament sung in mairch time, an I addit lyrics like "Ma wee Joanna, she's the best in the warld, ye can keep aw the rest for she's the best in aw the warld, Joanna... Ma wee Joanna, she's the best in the warld, Joanna, Ma wee Joanna, she's the best in the warld. She's ma dear, she's ma daurlin, she's ma angel, she's ma pet, ye can keep aw the ithers, for I've no seen better yet... Joanna. Ma wee Joanna, she's the best in the warld, Joanna, Ma wee Joanna, she's the best in the warld!" That sang sung tae the rhythm o a gallus mairch is guaranteed to send a wean tae sleep within meinutes! Ma mither seemed tae hae endless patience wi bairns as weel. I mind seein her wi ma sisters' weans when they were wee, wi her an thaim, aw dressed up an trailin aboot the hoose singin an batterin the rhythm oot on pots an pans wi wuiden spuins. A sicht tae behaud, richt eneuch.

Noo although her heid wis thrang wi gemmes an rhymes an stories fae the oral tradeition, she wis a guid reader as weel an gaed tae the Library in Gawston aw her days. In ither hooses in the scheme ye wad come across chaip edeitions o books that were mair like thick comics wi maistly cowboy stories for the men an romances for the weimen, but nane o thaim ever fund their wey intae oor bit that I can mind o. Ma mither's taste wis fur weel-scrievit epic romances fae the great English writers like Daphne du Maurier an Emily Brontë. She wad immerse hersel in books like "Rebecca" an "Wuthering Heights", an loss hersel for a while in the gey different warld fae hers that they creatit.

She also had a guid sense o humour wi a dry fly Fifer twist tae it. Ae incident she fund affie funny took place in a shop in Kirkcaldy when she wis a middle aged wumman in her 50s. She wis there durin the simmer Fair Holidays alang wi her eldest dochter Mary an her Guidson, Jim Hunter fae Derval. In a shop alang Kirkcaldy High Street she ran intae an auld frien fae Bowhill that she had kent in her teenage years. The lassie McNeil wis that gled tae see Annie Carruthers efter sae monie years that she gied her a big hug, an said, "Annie, hen, ye're luikin great, ye haenae chynged a bit since I saw ye last!" Afore Annie cuid say ocht in reply, Jim said, "By here, Annie, ye must hae been gey hackit when ye were a young thing, that's aw I can say!" Ma mum an awbody praisent killed theirsels lauchin!

They lauched because they kent she wis a braw wumman in her day. As a wee boay ma perspective on ma mither wis o a middle-aged wumman browdened on her bairns. Ma sisters tho had memories o her as a young wumman luikin bonnie as she put on her make up, an thaim in awe o hou braw their mum wis withoot an within. The hoose wis aw centred on ma mither, an that wis the case tae for ma sisters' faimilies efter they got mairrit an steyed up the Valley fae Gawston, in Derval. Ma mither's hoose wis aye a welcomin airt, sae whaur she steyed wis aye the centre o her extendit faimily o dochters, fower granddochters an twa guidsons as lang as she wis leivin. Nae maitter whit happened in onybody's life, she wis aye there for us aw, a douce an strang bodie at the same time. Maistly that jist meant tholin an helpin us aw get by in whit Burns cried the ilkaday "weary widdle o this wild warld"!

There werenae monie occasions I can mind o when ocht oot the ordinar tuik place an for a wee while oor ilkaday life wis turned tapsalteerie an we experienced the rare joy o winnin somethin byordnar. But there wis wan occasion that bides in the memory. It tuik place when I wis aboot sixteen year auld, an had tae stey at a frien's hoose in Killie efter a pairty in somebody's hoose or a dance at the Daurk Horse, the Grand Hall or the Palais. Onywey, naebody had the telephone at that time, sae whan I cam hame the neist day, expectin ma mither tae be up tae high-do worryin aboot her wee boay bein tint in the fleshpots o the big toon doon the road, I wis gey dumbfoonert tae discover that naebody cared a jot aboot me, an awbody wis beamin wi muckle smiles that shawed their wallies in aw their white sparklin glory... for, wait for it, ma mither had won a prize in a Gawston Cooperative Store draw, whaur she had an aw-expenses-peyed trip tae a holiday resort abroad in Spain tae luik forrit tae. Ma mum had never been oot o Scotland in her life at this time, sae the hoose wis in a richt steir o excitement. Eventually, it wis her an ma sister Mary that gaed, an they had a braw time o it in Majorca, tho ane o the highlichts we aw hae mind o took place at hame in Gawston when a chauffeur-driven caur cam fae the Store tae tak thaim tae Glesga airport!

Gaitherin Gear

Ane o the pastimes we had back then in thae days afore televeision took up mair o oor time wis collectin. I say it wis ae pastime, but it wis actually a wheen o acteivities. We collectit aw kinna things an aft-times we wad swap an barter wi oor friens. I lued ma book o stamps an convinced mysel that ma Penny Reid wis worth a lot o siller, but it gied me forbye an interest in the geography an history o the warld, hainin foreign stamps fae exotic airts like Deutsch-Ostafrika an St Vincent in the Windward Islands.

Foreign coins, fae airts the mair fremmit an exotic the better, were anither branch o the collectin mania that owerwhelmed us at the time. Coin collectin wisnae as widespreid as stamp collectin, but a nummer o us persevered an I can mind readin the siller an copper coins an managin tae decipher names like the Deutschmark or the Italian Lira, an like the stamps, that gied me an interest in ither leids that's still wi me the day. Maist o the foreign coins circulatin in Kyle then were fae kintraes nearerhaund in Europe like France an the Laigh Kintraes, but there were some that cam fae the war time as weel, fae Germany, Poland an Roushia. The kopeck for example wis whiles yaised tae denote a totie amount o money like the bawbee – he didnae hae twa kopecks tae rub thegither! The prized coins in ma collection though were anes that luikit unco an gey fremmit wi holes or squares taen oot the middle o thaim! Ane wi the hole in the middle I'm shuir wis a Japanese five or ten Yen coin sae it micht hae been brocht back by a sodjer wha wis oot in Singapore or Burma in the war in the Faur East. If that wis the case, the puir sowel maist likely tholed muckle chaves an haurdships tae bring the siller hame tae his weans in Scotland.

As a wee boay born jist six year efter the enn o the Saicont Warld War, we collectit war medals an memorabilia tae, wi maist fowk still haein a gas mask lyin aboot the house. Maist faithers fae ma generation had been cried up tae the army, sae the feck o hooses had regimental badges, or belt buckles, glengarry bunnets an service medals wi brichtly coloured ribbands. Thaim that had seen active service in Europe also brocht back German medals an badges shaped like the Iron Cross, as weel as antrin Soviet insignia taen fae the Reid Airmy in the East. The wee roun tin helmets worn by the British army were quite commonly seen an played wi, but an occasional *Wehrmacht* helmet that wis muckle an covered yer lugs cuid be picked up as weel.

Anither influence fae the war wis the makin o model aeroplanes. I wis never that gifted wi ma hauns, but a common Setterday treat when ma mither gaed tae Kilmaurnock wis bein brocht back an Airfix set for makin planes. The completed Lancaster or Dornier bomber, or Spitfire, Messerschmitt, Hurricane an Mig Fighter wad then decorate the dresser in yer bedroom or even be dangled wi threid fae the ceilin. I hae mind o the shairp smell o the wee tube o glue ye got wi the kit tae haud aw the bits thegither, an hou foutery it wis tae get the wee tail gunners o the muckle bombers in tae their gless-domed placie at the back o the plane. Ma favourite plane though wis the German dive bomber cried the Stuka, wi its bent wings that aye luikit frichtsome an evil, an alive like a greedy gled or a hawk fae the ballads, or an ugsome bird o prey raither than a plane fleein wi mortal men inside it.

Anither hobby monie o us had wis readin, collectin an swappin comics. Some o thaim had stories that were left ower fae the war as weel. The wee book-shaped Commando comics were thrang wi stories o British Pluck thrivin amidst sleekit German an Japanese joukery-poukery, an owercomin their resistance wi skeel an wice-like guid nature. While the chaps doucely an quaitly got on wi winnin the war for western ceivilisation, the German sodjers gaed aboot makin a mane wi sweiry words like *Donner und Blitzen* (thunder an lightning) an cryin the enemy sodjer an *"Englischer Schweinhund"* (English Pig Dog) even if he wis a wee bauchle fae Glesga! Commando wis a produck o DC Thomson fae Dundee, but they were aimed at a pan-British audience, sae were maistly Anglocentric in their depiction o the characters that won the war. The Victor an the Hotspur were ither favourites fae the same stable. Ae story that ilka wee boay fae that era cuid mind o wis Roy o the Rovers, featurin a wice, noble, yellae haired, guid-lookin striker cried Roy wha played for a team cried Melchester Rovers. They beat aw the baddies an aw the foreigners an maintained richt British standards o fair play!

Anither story we devoored wis stracht oot o British

imperial history. The Wolf of Kabul wis an Agent o the British Intelligence Corps in the wild fremmit kintrae o the North West Frontier o Afghanistan. Jist aboot single haundedly, he regularly defeated aw the hostile fowk ranged aginst him, yaisin jist twa muckle gullies that sned the heids aff the enemy wi ease. He wis the hero, but he did hae a native servant, guide, orra loun an fechtin fier cried Chung, wha backed up the twa wappins o his maister wi his skeely yuiss o a lourd, braisse bound cricket bat that split open the heids o his faes at least aince in ilkie episode. The chield wis cried Chung an bein an Oriental chappie, his command o English wis gey basic, o coorse, sae he cried his wappin "clicky ba", an aften clicky ba wad tak on a life o its ain in its prosecution o British interests against the sleekit tribesmen o Afghanistan.

Later on American Dell comics came in as weel depictin cartoon characters fae the pictures as weel as frichtsome tales like Frankenstein an Dracula. On a slightly higher leiterary level wes a series cried Classics Comics/Classics Illustrated that gied the stories o scrievers like Dumas, Scott, Shakespeare an Stevenson in illustrated form an for monie fowk that wis their introduction tae Classic Leiterature at a gey early age. I mind luein The Black Tulip by Alexandre Dumas an Huckleberry Finn by Mark Twain. The Twain memory wis poignant for me in later life when the St Andrew's Society o the State o New York gied me their Mark Twain Award for aw ma wark in the field o Scottish culture. Twain himsel had addressed the Society at their 145th annual banquet in 1901 when he wis invitit by his frien Andra Carnegie, sae it gied me meikle pleisure tae follae in his fuitsteps an address the Society at the 263rd banquet in 2019.

Luikin back, I must hae been a bit o a geek or mebbe mair o an obsédé wi ma comics when I wis aboot eleiven year auld! While maist boays jist cairried comics they wantit tae swap tae their pals' hooses, I actually made masel a cairryin tray for ma comics, based on the ice cream tray cairried by sonsie big Maisie in the Pictur Hoose. Maisie's tray wis made o metal an plastic an had leather straps while ma tray wis a muckle cairdboard box whase straps were made wi tow. The preinciple wis the same though – displayin yer wares easily for the punters tae glisk an wale at pleisure. I'm shuir the bigger boays took a lenn o me at the time, but the attraction o a guid comic selection aye garred thaim come an see whit wis on offer. I can mind appearin wi ma tray at the tap o the Public Park ae Setterday simmer's mornin, an hingin aboot tae the end o a match for a wheen o the players tae come ower an check oot whit wis on display. I'm shuir pocket money siller must hae chynged haunds as weel forbye, raither than jist swappin. I wad hae yaised ony preugh I got fae the deals tae feed ma habit an buy mair an mair comics!

Ye'll hae noticed that lassies didnae feature aften in ony o the acteivities abuin. They had their ain comics like the Judy an the Bunty, an I devoored ma sisters' copies in the privacy o ma ain hoose, but it wadnae hae been the duin thing at aw for me tae hae appeared wi lassies' comics on ma tray. Gender stereotypes were strickly adhered tae in East Ayrshire in the 1950s an early 60s, sae I'm no gaun onywhaur near the stories o ma big sisters frequently playin at dressin me up in lassies' claes, an me fair enjoyin it! They were five an seiven years aulder than me, yer Honour, an as a fower year auld wean, I had nae idea whit I wis daein! The ither thing that lassies collectit that differed fae boays wis scraps. The scraps portrayed wee cherub-like bairnies floatin in puffy cloods wi angel's wings, or angels wi wings, or bonnie garlands o flouers an mebbe the occasional brawly buskit Victorian lady. They are affie bonnie, an even yet I'll whiles open an auld book I haenae touched for decades an a wee angel scrap will faw oot an flauchter tae the grund.

I wad jalouse though that the male equeivalent tae scrap collectin lang syne wad hae been fitba cairds. I think the main soorce for thaim at ae time wis cigarette companies, sae I'm nae siccar hou wee boays got a haud o sae monie o thaim tae collect, if it wisnae fae parents that were smokers haudin thaim ower when they bocht a packet, or maybe ye cuid buy a set in a newspaper shop alang wi yer cigs an paper. Awbody ower a certain age smoked back then, including ma mither an faither. It wis years later that fowk wis mair awaur o the health issues surroondin tobacca... which is quite ironic conseiderin that the West o Scotland economy efter the Union in 1707 wis biggit up by the tobacca trade fae the Clyde tae Virginia. Mebbe Karma wis haein a lauch wi us: "Aye, here's some walth for yer merchant cless, an we'll let ye bigg mansions in Ayrshire an Glesga, syne we'll gie ye names for yer city centre like Virginia Street an Jamaica Street... but I'll get revenge on ye for yaisin slave labour in thir airts, by giein yer warkin cless chronic bad health by gettin thirled tae tobacca an spendin years catchin yer braith, haein sair hoasts an bad chests!"

Onywey back in Kyle as a wee boay, nocht o that ever

enterit ma heid, an I lued ma fitba cairds. In ma mind's ee for some reason the ane I mind o maist wis o a Raith Rovers player in his daurk blue tap. Ane o the names that wee hard disk o memory in ma heid came up wis Gilfillan, an I've jist gane on the wab an discovered a Bobby Gilfillan playin wi the Rovers in the early 1960s, sae that's whase caird I probably had in ma collection. Ma mither's faimily that steyed in Fife were aw Raith Rovers supporters, sae I had a saft spot for thaim as weel as ma hame team, Kilmaurnock.

Anither thing the boays collectit wis burds' eggs. The verra thocht o stealin eggs fae a burd's nest nouadays wad be luikit doon upon as against the laws o nature, but it wis gey common in the 1950s amang boays wi easy access tae the kintraeside. There wis a strict morality tae it at the time, though, an I'm gey shuir maist of the lads follaed the code. Gin ye brak the code, ye were regairdit as an ugsome eejit that herried a burd's nest. Tae herry meant tae plunder it o aw its eggs, throw maist o thaim awa an keep ane or twa for yer ain collection – swappin eggs or even barterin for thaim went on tae.

When the egg wis taen, maistly when the cock an hen burds were awa, wee holes were created through which the yolk cuid be blawin oot, leain jist the dentie, delicate wee pastel blue, licht broon, green an speckled egg tae admire. The eggs were kept in an empty cairdboard shoe box, lyin in saft yellae strae tae hain thaim weel. While English had begun tae mell wi Scots in ither areas o life, in kintrae maitters like this, the guid Scots leid still tholed an prevailed; the birds eggs I wad hae had in ma collection at ae time or ither, had belanged tae speugs, stuckies, corbies, craws, blackies, bluebunnets, gowks, cushiedoos, linties, merles, spinks, gowdspinks, throstles, teuchats, yorlins, chaffies, jakedaws, robins, laverocks an whaups. Thir muirland birds were harder tae get haud o, but some boays that were eident eneuch, ettled tae gae awa oot on the muirs atween Gawston an Derval tae wale ane o thae precious eggs, sae they cuid shaw thaim an be vauntie o their undeemous darg tae get ane!

Aw this scrievin aboot burds has mindit me o ane o the bonniest passages I ken fae the gowden age o Scots in the middle o the 16th century – ane that I yaise in ma quair "Scots: The Mither Tongue". This is fae the Complaynt o Scotland an it wis set furth in 1548. We dinnae ken exackly wha the author wis, but we dae ken that he cuid scrieve braw lines like thir anes describin the burds he kennt an the soonds they made:

> The ropeen of the ravynis gart the cran crope, the huddit crauis cryit varrok, varrok, quhen the suannis murnit, because the gray goul mau pronosticat ane storme. The turtil began for to greit, quhen the cuschet youlit. The titlene follouit the gouk, and gart her sing guk, guk. The dou croutit hyr sad sang that soundit lyk sorrow... the laverok maid melody up hie in the skyis.

(*goul mau* **seagull**; *cuschet* **wood pigeon**; *titlene* **meadow pipit**; *gouk* **cuckoo**; *dou* **dove**; *laverok* **lark**)

A Guid Scots Tongue in yer Heid

By the time I wis a wean brocht up in a thrang, steirin Scots-speakin toun in the 1950s and early 1960s and afore televeision garred English vyces rax intae the hert o ilkabody's hooses, it's mair nor likely that ma hame leid wis pairt o an unbroken line gaun back mair nor twal hunner year. When the makar John Barbour in Aiberdeen scrievit the chronicles o the Bruce, an gied a mention tae him bidin in Gallistoune afore the tulzie at Loudoun Hull in 1307, he wis also gien us a glisk intae the linguistic historie o Kyle: Gall is the Gaelic for foreigner, and Tun is the Anglian for enclosure or fairmtoon – sae we oreiginally were the Fairmtoon o the Foreign Fowk – the fremmit fowk maist likely bein Anglian settlers creatin a wee enclave aside the Irvine Watter. Thir fowk wad hae been comin intae a kintrae airt that wis maistly Gaelic-speakin, but there wis eneuch o thaim tae bigg a community wi a leid that wad thole there for mair nor a millennium. E'en sae lang syne, it wis notit as bein a gey kenspeckle neuk in the braider kintrae whaur Gaelic, Welsh and Norse were aw spoken no that faur fae this early Scots-speakin hertland.

Mebbe this wis why amang the fowk there, there wis an unconscious kennin o the lang pedigree their leid enjoyed an a desire tae keep it gaun. I yist tae jalouse it wis jist the influence o Burns on the popular culture that gied fowk sic a pride in their wey of talkin, but mebbe it gaed faurer back intae the mist o time. The verra first chiel tae owerset the New Testament intae Scots, efter aw, wis Murdoch Nisbet fae Newmulls in the Irvine Valley back in the 1520s. The bodies o Kyle certainly kent they spak Scots an that's the anely word I heard thaim yaise in reference tae their native leid, tho the aulder generation wad whiles refer tae it as Scotch as weel. Gaun aboot ither airts o Scotland, I becam awaur that the local wey o talkin wis aften described as orra, orrie, uncouth or coorse but I never got ony o that in Gawston. In fack, ma mither an faither wad aften yaise the auld saw "Thaim wi a guid Scots tongue in their heid are fit tae gang ower the warld!" tae gie muckle renoun an status tae their langage.

Ma mither spak Scots aw the time an comin fae a strang minin tradeition whaur her faither wis a semi-nomadic pit sinker, she had a reinge o words that wis taein intae her faimily's word leet fae aw the airts her faimily had steyed: Breich in the Lothians, Mauchline in Ayrshire and Bowhill in Fife. Fae Fife we inheritit words like bairn for wean, baffies for slippers, bocht for no weel, an gleg expressions like "ye need a lang spuin tae sup wi a Fifer". It wis said o a man wi muckle feet that "he's got a guid haud o Fife", or o bodie wha's affie clever an naebody can diddle: "he's as fly as the Fife kye, an they can knit stockins wi their horns!" The anely time she puit on English wis when ye did somethin wrang an she said tae ye, "I want to see you in my office." She wis the fairest, maist luvin, maist muckle-hertit wumman in the warld, sae whan she transformed hersel wi thir puckle words, ye kent yersel that ye were guilty e'en afore enterin the aforementioned office an pleadin mitigatin circumstances! The lecture itsel wad be gien in her guid Scots tongue, but jist thae few words fae her in English wis eneuch tae fleg an frichten a douce wean intae submeission: "I would like to see you in my office". I'm still getting palpitations an ma hert rate is lowpin up the wey, sixty year on, jist thinkin aboot it! "It wisnae me that et aw the chocolate biscuits, mammy, it must hae been oor Mary or oor Janette!" Aye right, ya wee chancer!

Ma mither had tint her sing-sang Fife twang efter bidin in Gawston sae lang, but ma granmither aye hained it, an sae did her brither an his faimily. Thaim fae West Fife sang their Scots at that time, wi the final heich note hit on the final vouel: "Whaur's the wee bairn the day?" – the final "day" in that sentence soundit like they were hittin high Doh on the scale! Anither notable Fife expression wis the interjection o the soond Sha or Zha tae gie emphasis an wecht tae somethin bein said. "Sha boay, Sur" wis a favourite exclamation in Bowhill, Cardenden, Dundonald and Glencraig and aw the ither former miners' raws whaur ma maternal friens steyed – the Carruthers an Donaldson faimilies. Later in life, a frien that played in a Dundee Soul Baund that wis a forerunner o Average White Baund, telt me that when they gaed doon tae thae airts tae play gigs at the likes o Lochore Miners Welfare in the late '60s an 1970s the boays in the baund referred tae it as "gaein doon tae Sha Country", whaur the local leid wis aye interspersed withoot fail wi expressions like "Sha Boay, Sur" or, gin it needit even mair oomph, "Sha Hoor, Sur". Sweirin wis maistly confined tae men talkin tae ither men back then. Amang the respectable warkin cless, sweirin in public by weemen wis gey rare an nocht heard. Amang the boays tho, it wis a sign o masculinity, an staccato sweiry words were interjected amang the patter and banter an naebody thocht ocht aboot it. In the 1980s I made a programme aboot dug racin an we filmed an auld miner in a park in Kirkcaldy shawin us the deein airt o whippet slippin – hou tae throw a whippet perfeckly at the stert o a race, so that the dug wad land in sic a wey that it wad lowp snell intae the race an chase the lure tae the feinishin line. He had a name like Dode Lumsden an wis built square an braid like an ootside cludgie an he had jist had an operation a few weeks syne for a problem in ane o the maist tender pairts o the male anatomy. Dode gied vyce tae the dolour he had tholed perfitly when he tellt me in confidence, "Sha Hoor Sur, it wis sair." An then jist tae mak siccar I kent hou sair it had been, he said, "Sha Cunt, Sur, thon wis gey sair."

We saw ma mither's faimily in Fife aince a year when we steyed wi ma Gran Carruthers, furst in the miner's raw o Seiventeen Street, syne in the cooncil hoose up the scheme at Craigside Road. Ma uncle Tommy drove a breid van an whiles wad drive through tae Ayrshire tae see his sister and her bairns, but ither than that, we were baukit in Gawston for the furst fowerteen year o ma life, an that mair than onythin else gied me ma strang sense o belangin an made me wha I am. This wis especially true as faur as language wis concerned.

I hae scrievit elsewhaur o the irony o an Ayrshire childhood whaur ye got a prize ae day a year for recitin Rabbie Burns's poetry, syne were in danger o gettin a lick o the tawse the ither 364 days for speakin his language. That wis true up tae a pynt, but maist o the time ye werenae speakin tae a teacher, ye were speakin tae friens an faimily an they gied ye a gowden treisure o Scots words tae tell tae yer hert - tae paraphrase the wark o the makar Lewis Grassic Gibbon: a *mogre* wis whan awthin wis tapsalteerie an oot o kilter; a *clype* wis a bodie wha telt on ye ahint yer back; a *gomeril* wis an eejit; a *bauchle* wis a wee roond bodie wi no eneuch sough tae sprachle oot a sheuch, a *muckle sumph* wis a boay that wis challenged in the maitter o harns and didnae hae muckle chance o gettin onywhaur acause o that; a *lang staund* wis whit a daft boay jist stertin a new job o wark wis sent tae ask for; a *gleg wean* wis ane that wis alert tae life an aw its possibeelities, ane that wis weel at hersel (English, well at herself), a wean that wis gled tae be whaur she wis and totally at ane wi her environment; *halliket* meant somebody that wis kinna muckle, clumsy an awkward in their movements; a *sleekit wee nyaff* wis a totie wee stunted bodie that wis devious in the wey he traited fowk, *trig* wis yaised tae descrieve a weel turned oot quine an *warstle* wis yaised tae describe when life wis a chave or a struggle and ye had tae warstle or wrestle wi aw the thing confrontin ye. It literally wis yer mither's tongue as a bairn, an she luikit efter me an ma sisters Mary an Janette wi groomin words an expressions like "gie that face o yours a dicht wi the cloot", or "come here tae I gie yer lugs a guid wash, ye could plant tatties in thaim!" Thir's jist a puckle fae aff the tap o ma heid. But I'm shuir I cuid easily gie ye page efter page o siccan words an no hae tae think that lang aboot thaim. That's jist the wey it wis.

Thir wis words that were fameiliar an yaised ilka day amang fowk in touch wi the aulder generation, as I wis wi ma granmither Jenny Kay and her sister Rosie Clark an wi sae monie aunts an uncles o ma faithers generation that were thrang aboot the toon and blythe tae pass the time o day wi me, oor Alex's boay, Billy. Whiles tae, ye wad get exposed tae Scots words ye hadnae heard afore but that were obviously current amang the aulder fowk an, through thaim, an expression o aulder times gaein back hunners o years. Aunt Rosie wis a braw and buirdly rosy-cheeked wumman, stranger physically than Gran Kay, wha wis wee and slightly shilpit in her auld age. Talkin tae Aunt Rosie aince aboot growin up in Gawston in the earlier pairt o the 20th Century, she cam awa wi a phrase like "Thon's when things begood tae get better". That wis the anely time in ma haill life I heard a bodie yaise begood insteid o began... though luikin it up in the Scots Dictionar ye'll see ensamples gaein back tae the days o Allan Ramsay.

Anither ane like that, that fair bumbazed me when I furst heard it comin oot the mooth o ma Uncle Albert when I furst fuitit him on Januar 1st 1976 or 77. We were haein oor Ne'erday dram when I spiered whit he wis up tae in the neist twa–three days o the holidays. "We're awa ower tae Sorn the morn for a wappenshaw, Billy," wis his repone. I jist aboot fell aff ma chair! By then, I had studied Scottish leiterature at Embro University an by faur ma favourite novel by Scott wis Old Mortality, that begins wi a Wappenshaw - a muster of arms - in upper Clydesdale lang syne at the time o the Covenanters. I mind readin it an savourin the soond o it in ma mooth – wappenshaw – an jalousin it wis a guid ensample o the Germanic origins o Scots, for the German o it wad be gey seimilar *Waffenschau*. I mind thinkin as weel whit a peity it wis that siccan braw words were deid an nae langer yaised! Sae it wis quite a gunk when Uncle Albert telt me he wis gaun tae a wappenshaw! He explained tae me that amang the boolin clubs o Ayrshire, a wappenshaw wis the name o a competeition atween twa different clubs, an Uncle Al an I think Aunt Margaret tae, bein members o the Gawston boolin club that wis up by my auld primary schuil, were takin pairt in a competeition ower in the veillage o Sorn aboot ten mile awa fae Gawston. Luikin back at the incident, I gied it the name the Wappenshaw Theory – that ilka Scots word that ever existed bides leivin in the mooth o somebody in some airt o Scotland. Ither words like that are *antrin* an *watergaw* that the makar MacDiarmid yaises in his poem the "The Watergaw". I presumed thir wis baith words he had howked oot o the gowden seam o Jamieson's Dictionar an were baith obsolete, but later I fund oot that antrin wis still commonly yaised in Angus an the North East, while a cousin o mine in Gawston came awa wi watergaw as a word she'd gotten fae her maternal granmither wha, like MacDiarmid, had Borders bluid.

Anither Uncle, ma faither's auldest brither Uncle Wullie, I associate wi a repone he gied tae ma faither as we left the pub ae nicht when I wis hame fae the uni. Seein Wullie afore him on the street cairryin whit wis obviously a fish supper that he'd just bocht in Bana's café, ma dad shouted aheid an said "Wullie, are ye gaun tae gie us a bit o yer fish supper?" Wullie glisked ahint him, and as we caught up wi him said,

"Naw, Alex this is tae stoap me floatin on tap o ma bath watter when I tak ma bath later the nicht!" Wullie had never mairrit sae he steyed himsel in a wee flat, an wis aw skin an bane in his later years, sae his words had the ring o truth back then an stuck in ma harns. Anither sayin that ma Gran Carruthers in Bowhill had tae describe a man that wis ower shilpit in physique wis "haein airms like twa ply reek!" She yaised that tae hae a wee dig at her ain Guidson, ma faither, wham she ne'er forgied for stealin her wee Annie awa fae a walthy young garage owner's son that wis winchin her afore she met the guid-luikin lad fae Gawston at an army camp somewhaur near Brig o Turk at the tail end o the war in 1943.

Alex tholed his Guidmither Mary and aw the fremmit fly Fifers fae Bowhill an surroondin airts when he tuik the faimily there on an epic five bus journey for the Grozet Fair holidays ilka July when I wis wee... but he preferred bein at hame amang his ain folk in Gawston.

Nou an again, tae, ye wad get caught oot wi a word an hae tae spier whit it wis the aulder fowk were gaun on aboot. Ae time I gaed wi ma mither tae Kilmaurnock in the bus, tae earn some siller reddin up the gairden o auld Miss Clark. She wis a Gawston bodie that bided noo in Killie in a braw wee terraced hoosie that owerluikit the Kay Park. Ma mum had whit she described as "yin o her wee cleanin jobs" there. The first time I wrocht there, Miss Clark telt me tae stairt ootbye by "sheuchin thae leeks." I gaed oot and recognised the leeks aw trig and braw in their wee raws but I didnae hae a clue whit I wis meant tae dae regairdin "sheuchin" thaim!

I spiered at ma mither an she consulted wi Miss Clark and they baith brocht me oot wi a smile on their face an telt the boay how tae sheuch leeks! It meant takin the leeks oot o their indiveidual airts, diggin a muckle sheugh, an pittin thaim aw in there thegither. Apparently it wis a wey tae gar thaim thole the caulder winter wather better an gar thaim last langer! Anither darg I had tae dae when I wis aboot 15 year auld during the schuil holidays wis warkin for a contractor outside Derval. It wis teuch wark but it gied me stranger airms an shooders than I had afore I stairtit! Shilpit peelie-wallie teenager nae mair! Alang wi biggin fairm roads – I still pass ane or twa I wrocht lang syne when I gae hame – ae darg I mind o wis bein drapped aff aside a muckle field jist ootside Hurlford, gien a shairp heuk an tellt tae sned aw the thrissils in the park. Luikin at it, there must hae been a thoosan thrissils tae sned, the haill grund wis hoachin wi thaim, naw, smoored wi thaim! Sned thaim I did, an ilka time I gae by that airt in ma caur sinsyne, I can see the muckle field owergrown wi thrissils aneath the wee private hoosin scheme that's there noo.

In contrast tae the aulder Scots spoken by the aulder generations there wis anither strand o the spoken leid that wis a mell o Scots an English slang terms. Thae micht hae been yaised by awbody, but whit I mind o, is thaim bein yaised by the young yins as pairt o their ain identity: "A'm urnae gaun," (English: I'm not going) wad be a guid example o that, or an argy-bargy exchange atween twa weans haein a flytin an disagreein wi ane anither such as: "You're a total eejit so ye ur," "A'm ur NOT," "Ye ur SOT,"... or "A'm no gaun," "Ye ur SOT," "A'm ur NOT," wad be examples o thon tae.

When Kyle fowk gaed abroad they took their leid wi

them. Ma Aunt Rosie had three dochters that aw migrated tae America efter the war an wrocht for General Motors in Janesville, Wisconsin. Twa o the lassies mairrit Valley men wha gaed wi thaim, the ither lass mairrit an American guy ower there. I veisited thaim in the early 1970s an spent a month or sae workin in the cornfields there, afore traivellin across the States tae California an then back across tae Sooth Carolina. Whit wis fascinatin wis that the faimilies formed a wee Scots-speakin enclave in Janesville surroondit by American English speakers. The fact that they aw steyed thrang aside wan anither an gaed in and oot o each ither's hooses made it easier tae hain their leid. They aw spak guid American English tae in the wark-place, but Scots wis the favoured medium o hame, and it wis a Scots frozen in time fae the 1940s, sae aulder farrant than ma ain Scots fae the '70s. Aunt Rosie had a photie on her wa o The Irvine Valley Association of Chicago taen at a dinner they had in the Windy City. I wad guess there wad hae been ower a hunner an twinty fowk in the pictur. At the dinner and in their hooses in Janesville they referred tae Chicago as Chicawgie! Just as Kilmarnock became Kilmaurnock in their Ayrshire Scots dialect, sae Chicago became Chicawgie!

Speakin o Chicawgie, a Scottish nurse that wrocht there roon aboot the same time in ane o the muckle city hospitals, cam up tae me efter a talk on Scots an telt me the follaein story. "Ae nicht an auld bodie wis brocht intae A & E efter she'd been involved in a caur accident. Noo in oor hospital we had staff fae aw the airts o the warld and we had a muckle leet o aw the leids spoken in the hospital. The nurses dealin wi the auld leddy had brocht in a German, Dutch an Swedish speaker tae see if they cuid unnerstaund her, but it was aw tae nae avail, no wan o thaim cuid unnerstaund a word she wis sayin. Onywey, I happened tae be passin the wumman's bed an heard her mummlin. As I gaed closer an leaned in tae hear whit she wis sayin, I realised that she wis speakin Scots: 'Aw, hen, that wis a muckle stound I got, an noo ma heid an ma haund are gowpin an ma leg's gey sair as weel. Can ye no gie me somehin, hen, tae mak the dolour gae awa or saften it a bittie?' I took her guid haund in mine an reponed, "O coorse I can Mrs Truesdale," I reponed – I aye mind her name cos it wis scrievit on her notes aside the bed – "I'll gae awa ae noo an get a haud o whit ye need tae mak ye comfortable." Mrs Truesdale had depairted Scotland mair nor fifty year syne, but the shock o the accident had garred her regress tae the leid o her bairnheid. "I wis that gled tae be able tae help her and tae speak Scots wi her for ma ain pleisure, that I've never forgotten the story. Oh and it had a happy endin wi Mrs Truesdale makin a full recovery and Scots jyinin the lang leet o langages spoken in the hospital. I'm shuir it'll be there tae this verra day!"

In "Scots: The Mither Tongue" I gie a leet o words that cam intae Scots fae the French leid – fae dinnae fash (se fâcher) tae siller tassies (la tasse) but Kyle appearit tae hain an expression that micht hae come fae an aulder French borrowin but mebbe mair likely wis brocht back by sodgers that focht and wis stationed in France or Wallonia in the first or saicont Warld Wars. When I furst heard it, it soondit tae me like San Ferry Ann an meant it didnae maitter. Whiles it was preceded by och, as in "Och, son, San Ferry Ann" – och it disnae maitter son. But later when I studied

French it hut me on the heid that whit I wis hearin amang workin cless Gawston men wis the French expression "Ça ne fait rien" – which when ye run the words thegither wi an Ayrshire accent becomes San Ferry Ann! Simples! O coorse the valley had ither French connections wi the place names Loudoun an Derval haein possible origins in the areas o Normandy an East Brittany in France, while there wis also an influx o Huguenot wabsters in the 17th century wha brocht their fine weavin skills tae the Irvine Valley, that wis mebbe a forerunner o the Ayrshire white wark embroidery, fine Madras claith an braw lace curtains that Newmulls an Derval parteicularly were still famous for when I wis growin up there fae the 1950s tae the early 1970s.

They feature as weel in a story I got fae ma great Aunt Rosie o a Derval bodie that fund himsel luikin for the hoose o auld friens wha had emigrated tae Australia. He had mind o the street in Melbourne whaur they steyed, but he had tint the hoose nummer an felt a bit glaikit when he won there an realised it wis gey lang wi nearhaun fower hunder detached hooses wi wee trig gairdens afore thaim. He gaed alang the street an chapped ane or twa doors tae nae avail, an wis feelin a bittie wabbit an dispeiritit, when his Eureka moment came as he glisked the braw lace curtains hingin at the windae o nummer 352. He chapped the door, and when his friens appeared he gied thaim a muckle bosie and telt thaim, "I kent it wis youse acause o yer braw Derval lace curtains."

Anither fremmit link wi the langage o hame cam in Columbia, Sooth Carolina in the early 1970s. I steyed there for ae simmer an haein studied Scottish Leiterature at Embro university, I wis awaur that a kenspeckle scriever on Scottish poetry, Professor Ross Roy, bidit in the toon, an warkit at the University o Sooth Carolina. I gaed tae see him ae efternuin, an he made me richt walcome. His office shelves were thrang wi books o Scots poetry gaun back hunners o years, an takin in makars fae ilka pairt o the kintrae that had belanged the tradeition. He wis richtly vauntie aboot the collection he had gaithered an I wis gey impressed wi whit I saw, as I waled book efter book fae the shelves. Hooever, nae maitter hoo impressed I wis, I decidit I cuid catch him oot, an said tae him, "I bet ye dinnae hae Baker Lee fae Gawston." Baker Lee wis a Gawston makar whase poetry wis published locally in a thin volume that ma faither had in the hoose. Risin tae the challenge, Ross Roy got up aff his sait, scanned the shelf ahint me... an haundit me his copy o Baker Lee, wi a smile on his face. That wis me telt! Ross Roy is lang gane noo, but he left his collection tae the University o Sooth Carolina, an it's probably ane o the maist important collection o Scottish Leiterature in the haill o North America.

Ma last mention o the local leid at hame an in fremmit airts comes in a sang cried "The Gum Tree Canoe" that's kent locally as a Gawston sang, but that actually hails fae the cotton fields o the American Sooth in the 19th Century. I've heard it said that it came tae Gawston via local miners that wrocht in Sooth Africa in the early 20th Century. Onywey the sang is aw in English except for the chorus which is in strang Scots and perfect for a chorus in a community sing sang whaur fowk can gie it laldy.

Row ye weel, row ye weel, ower the watter sae blue,
Like a feather we'll float in oor gum tree canoe.

I've heard a gaitherin wi ma faither an his Kay brithers giein that chorus sic welly that it cam across as a Gawston anthem wi the the R trilled strang an the row pronoonced like the English word brow... row ye weel, row ye weel whaure'er ye row, Gawston lads and lassies!

A Saw for a Sair Leg

The title for this chapter I got fae a doacter cried Jimmy Begg fae New Cumnock, ane o the hertlands o spoken Scots the day, an ane wi a thrivin Burns tradeition. I wis aince spiered gin I wad dae the Immortal Memorie at the New Cumnock Burns Club an I regairdit it as as muckle an honour as addressin the Burns 250 Symposium at the Library o Congress in Washington DC in 2009. Airts like ma ain wee toon o Gawston an former minin veillages like New Cumnock an Auchinleck are whaur the Scots leid survives an thrives in the 21st century, sae for yer wark tae be valued in thir kinna airts amang fowk that belangs the tradeition gies ye muckle confidence that ye're daein richt!

The full sentence that Jimmy Begg gied me cam fae a gey auld bodie in the Sooth o Ayrshire wha had duin hairm tae her richt shank and cuit when she fell her length on a rymie road ae cauld winter's mornin lang syne. She managed tae hirple tae the doacter's surgery an spiered at the doacter: "Dae ye hae ye a saw for ma Sair Leg, doacter?" Noo the auld bodie wis a local wumman, but the young doacter had jist raicently come in tae the area fae England, an had nae knawledge o the local leid. The thocht o a patient askin for him tae tak a saw tae remove her bad leg obviously severely bumbazed him. Fortunately there wis anither doacter like Jimmy neist door, that cuid owerset whit the auld leddy wantit intae English: Do you have ointment you can give me for my sore leg, doctor? Saw in Scots is a salve, or a balm or a medicinal ointment for smoorin on bruised skin.

But it has anither meanin as weel, as a saw can also mean a sayin, proverbial or itherwise. Sae, ye wad hear the auld fowk o Kyle refer tae the auld Scots saws they grew up wi an survived acause o the wice thochts an wisdom they hained. I yaise thaim aften masel, sae here's a wheen ensamples o anes I wis brocht up hearin, an hoo they were yaised:

"Thaim that haes, aye gets." Ane popular amang warkin fowk luikin at the walth enjoyed by the middle and upper clesses. Nae maitter hoo weel aff they are, they aye seem tae get haud o mair, mair easily than a puir bodie can get haud o a bawbee!

"A gaun fuit's aye gettin." In a wey this is a coonter-saw tae the ane afore. Gin ye hae smeddum an virr an energy, ye micht be able tae owercome no haein muckle by yer ain deeds an yer ain wark.

"Big money'll no hide." A saw agin grippie fowk that ettle tae hide their siller, but it aye comes oot. Ma Fife Grandmither yaised this a lot, usually wi heavy irony – ony wee totie manifestation o haein ony siller ava cuid be commented upon wi her sayin "Big money'll no hide."

"They wad tak the een oot yer heid, an come back for the

winkers." (They would take the eyes out of your head then come back for the eyelashes.) Yaised mainly against fowk that are comfortably aff theirsels yet wha lue tae exploit as monie puir bodies they can get their haunds on – Tories, Labour Hereditary Peers in the Hoose o Lords, high heid yins in muckle organisations that pey their workers minimum wages wi nae contracks – thir kinna fowk.

"Whit's for ye, will no gae by ye." This is a dreich expression o Scots fatalism – that nae maitter whit ye dae, nae maitter hoo guid ye are, nae maitter hoo muckle ye prepare tae mak siccar somethin bad disnae happen, if ye're fated tae thole somethin happenin tae ye, weel, ye jist hae tae accept it and haud gaun. Ma mither yaised it an when ma Portuguese wife João heard her guidmither say it, she spiered naively, "if it could also refer to a good thing not going by you, Mummy Kay?" Mammy Kay's repone wis short and tae the pynt. "Naw", she said. An even mair dowie ensample o this wis "Ye maun dree yer weird" – owerset intae English "You must suffer your fate."

"Ye cannae dae ocht, gin ye've nocht tae dae ocht wi." Owerset intae English, it's no as alliterative and poetic: You cannot do anything, if you've nothing to do anything with. This wis mair aboot haein tae admit that yer options for chynge are sairly leimitit gin ye dinnae hae the graith or the resoorces or even the pouer in yer harrigals tae mak a difference. No as fatal as the previous saw, but still admittin that there's only sae muckle a bodie can dae afore the weary widdle o this wild warld!

"She's made her bed, noo she'll hae tae lie on it." I think this ane wis anely yaised regairdin weemen. I mind hearin it said in the hoose when a teenage lass in ma big sister's cless at schuil got pregnant, an in thae days o the late 50s and early 60's, that meant she had tae get mairrit tae.

"Ye need a stoot hert for a stey brae," or jist "A stoot hert for a stey brae," – you need a strong heart for a steep hill. This ane wis popular amang the Kyle colliers, wha aften had tae howk coal oot o nairrae seams on a sair dook or a stey brae. Afore the muckle industrial pits were sunk – an ma granfaither wis a skeely pit sinker by profession – there yaised tae be a wheen wee local mines that were accessible via an Ingaunee – leiterally an ingaun ee, in English an "in going eye" – an access tunnel that wis dug oot a field on the surface and then there wis a stey brae slope gaein doon faur eneuch tae rax the coal seams nearer the surface.

"A bonnie bride is suin buskit, or a bonnie bride is easy buskit". Whit this meant wis that there were a wheen things that were easy tae dae, while ithers were mair demandin. Buskin a braw lassie on her waddin day wad be gey easy. The exception tae this wis in Gawston on ma sister Janette's waddin day – see the bit aboot Johnny Crombie elsewhaur in the quair.

"Brunt bairns aye dreid the fire," A cruel ane – burned children are always afraid of fire. The English equivalent wad be "Once bitten, twice shy."

"Facks are chiels that winna ding." Aye the concludin words in a guid gaun rammy or argie bargie – I ken the facks o the maitter, sae there's nocht ye can dae tae beat me.

"Guid gear comes in sma bouk." Mainly yaised by wee bodies aboot thaimsels. Never yaised by muckle hulliket bruits aboot thaimsels or onybody else… unless they maybe fancy a lassie wha's wee.

"Hunger is aye guid kitchen." Puirtith an hunger gars aw scran taste weel, nae maitter hoo boggin it actually is.

"It gaes in ae lug, and oot the ither." Said aboot a thrawn craitur that wullnae listen tae wice words o advice. Mainly said by aulder fowk aboot younger fowk.

"It taks a lang spuin tae sup wi a Fifer." Ma faither wad yaise this tae wind up his Fife inlaws, especially his guidmither, ma Gran Carruthers, wha steyed in Bowhill an favoured the Fife bairns afore the Ayrshire weans in her faimily. It basically jalouses that Fifers are fly, an mebbe even sleekit, sae ye hae tae tak tent in their companie an no get ower close tae thaim. Yaise a lang spuin in ither words, or they micht weel diddle ye. The term "fly Fifer" wis aye yaised tae descrieve the Fife fowk, an I think the Fifers were quite vauntie aboot this reputation they had. The poet David Rorie wis a doctor in the pairish whaur ma Fife friens steyed an he collectit a nummer o saws there at the turn o the 20th century. Ane o them wis "She's as fly as Fife kye, an they can knit stockins wi their horns!"

A SAW FOR A SAIR LEG

Ane o ma wee grandweans, Caterina, is sae gleg an fou o mischief that this saw descrieves her perfeckly. A variation on needin a lang spuin tae sup wi a Fifer, significantly, is: "It taks a lang spuin tae sup wi the Deil." (The Devil)

Whether the Deil wis ever resident in Fife is open tae debate, but there is a Scots sang tae the tune o "The High Road tae Linton" that gaes:

Some say the Deil's deid, the Deil's deid, the Deil's deid,
Some say the Deil's deid, and buried in Kirkcaldy,
Some say the Deil's deid, the Deil's deid, the Deil's deid,
Some say the Deil's deid, and buried in Kirkcaldy

Ithers say he rose again, he rose again, he rose again,
Ithers say he rose again an jyned the English airmy.
Ithers say he rose again, he rose again, he rose again,
Ithers say he rose again an jyned the English airmy.

Anither sayin yaisin the Deil wis "better the Deil ye ken," – better stick wi whit ye're fameiliar wi raither than getting exposed tae somethin fremmit an unco strange. Ma final Deil saw is "The Deil's aye guid til his ain," – the deil luiks efter his ain kind – yaised ironically tae describe a bodie that's no weel liked, daein a guid turn for anither bodie that's no weel liked tae!

"If ye flee wi the craws, ye'll get shot wi the craws." A strang mindin fae mammies tae young boays parteicularly tae tak tent o wha ye run aboot wi an the companie ye keep. I've also heard variations like " If ye flee wi the craws, ye hing wi the craws," or "Gin ye flee wi the craws, ye dee wi the craws," Craws and corbies obviously are ruited deep in the psyche o fowk fae Kyle – the roch squawk fae their thrapple an their "sympathy wi the Deil" daurk appearance maun haunt the imagination since the days of the ballad aboot twa corbies makin main an pykin oot the een o a slayn knight dernin ahint an auld fail dyke! That maister o the macabre, Edgar Allan Poe, steyed alang the Irvine Watter fae Gawston when he wis a boay, in an eldritch Irvine thrang wi body snatchers, an airmed men watchin ower the cadavers o the raicently deid. He wad hae heard the raucle caw o the Kyle craws as a bairn an mindit thaim again in his heid when he wis a man, an scrievit thon ferlie o a poem "The Raven"... tap-tappin on the windae o the imagination an openin the steikit yetts o the mind, an the fey border atween the quick an the deid.

I never heard this neist ane in Ayrshire growin up in the 1950's but cam across it years later researchin the history o medicine in Scotland and lued it for its direck nae nonsense finality that the Scots leid is weel kent for: "There's nae remeid for stark deid." Cuttie, an straicht tae the pynt, in English it wad be "there is a solution for everything except death."

On a cheerier note but still gey different fae the doucer, safter English equivalent o "gather ye rosebuds while you may" wis ane ma mither aye yaised: "Ye're a lang time deid." Whit it wis tho wis life affirmin – we aw had tae mak shuir we leived life tae the full while we were here on the yird. And jist tae reinforce the "wale life" message wis anither common Scots saw: "There's nae pooches in a shroud." In ither words it's nae yuiss hoardin an haudin on tae yer siller as ye get aulder an ye shuid yaise it weel while ye can... for there's nae pockets in yer daith shroud!

"Ne'er cast a cloot till Mey's oot." Ma Portuguese wife Maria João got this ane fae her Guidmither, Annie Kay, an comes oot wi it ilka Mey when there's a cauld snap or a snell wind that gaes for yer thrapple. Noo I think maist fowk sayin it, includin ma mither, thocht they were referrin tae the month o Mey – dinnae discard yer warm cloots or claes until the end o Mey... but sinsyne I've learnit that the saw referred tae the blossomin o the Mey – the Hawthorn bush or tree that flouers roon aboot the same time.

"Aye, ye'll aye gang yer ain gait." This wis yaised tae refer tae a character that did his or her ain thing nae maitter hoo faur it gaed against the grain o whit wis ettled or expectit. It cuid imply a thrawn bodie tae, but no ane that wis thrawn for thrawn's sake like auld crabbit men sometimes are, but mair a bodie wi the quiet confidence tae gang their ain gait for the guid o thaimsels or their faimilies.

"It's a sair fecht for a hauf loaf... but aye better than nae breid!" This wis maist commonly yaised in its shortened form o "It's a sair fecht," referrin tae life's chavin needcessities, or "it's a gey sair fecht," which wad be yaised tae be mair sympathetic tae the individual tholin the haurdship... "Aye, it's a gey sair fecht, hen." The full version "It's a sair fecht for a hauf loaf... but aye better than nae breid!" has a wee tate o ironic humour aboot it – life's a chave an a struggle even tae earn a hauf loaf, but even that's better than nae breid ava!

"If ye gie, ye get." Gey short an wice-like. Gin ye luik efter fowk roon aboot ye, then you an yours will be luikit efter gin ye're ever in need yersels. Daein wark on the historie o Scots ayont Scotland whit's noticeable is the self-help organisations they set up in ilka kintrae they gaed til. Aw ower the Polish-Lithuanian Commonwealth an German provinces like Prussia, they set up branches o the Scottish Britherhood in the 17th Century an local historians aye remairk on the siller they raised for the puir, the seik, the orphans an wedos o the community – "If ye gie, ye get." Anither ane similar tae this is "Whit's guid tae gie, is guid tae tak."

"Here's tae us, wha's like us! Damned few, an they're aw deid." A proverbial sayin and a toast rowed thegither. Aften heard on Hogmanay an Ne'erday when toasts were made tae friens and faimily and tae brither an sister Scots fae Maidenkirk tae Johnnie Groats!

"We're aw Jock Tamson's bairns," wis anither ane wi national an community signeificance. It meant we aw belanged, naebody wis bettter than onybody and it stated pride in the community. It says tae that aw Scots are Jock Tamson's Bairns – we're aw in it thegither. When I got mairrit in Portugal in 1979, ane o the telegrams that wis read oot came fae my pals in the great tradeitional music baund, Jock Tamson's Bairns. The telegram weished us lang life, health an happiness an endit "may aw yer bairns be Jock Tamson's."

"Lang may yer lum reik (wi ither fowk's coal)." The langer version o this scrievit there is thrang wi irony an humour an plays on the mean an grippy Scot stereotype o a bodie happy tae thrive at the expense o ither fowk. The mair commonly yaised shorter version, "Lang may yer lum reik," – long may your chimney smoke – is ane that ye find yaised as a sayin aw ower Scotland an in ilka pairt o the warld the Scots hae settled. A puckle year syne, I gaed tae America tae mak a programme aboot the gowfin pioneers that gaed fae toons that had links coorses on the East Coast o Scotland, like Carnoustie and St Aundrae's, tae yaise their skills as club makars, repairers and gowf teachers in the brent new kintrae clubs that opened up in the States in the early decades o the twintieth century. Ae kenspeckle faimily I spak tae wis that o a chiel wha had won the heichest honours o American gowf, Fred Brand Junior, winner o the Bob Jones Award, whaise previous winners included Jack Nicklaus and Arnold Palmer. When Fred won the award, and at ilkae faimily gaitherin his dochter Beverley McTurk could remember, the toast wis aye "Lang may yer lum reik."

"There's aye a muckle slippery stane at ilka body's door." Naebody gaes through life withoot setbacks an dolour, sae be ready tae fecht against adversary when it comes yer wey.

"Aye, he'd drink it through a dirty cloot." Said aboot a chiel wi an alcohol problem that bad, that he'd drink ony alcohol he could get a haud o "through a dirty cloot."

"It's nae loss whit a frien gets." This is an expression o

community and the ethos o sharin that puit doon ruits especially in aulder minin communities, whaur whiles ye had tae rely on friens tae get by.

"Fur coat an nae knickers." There probably werenae eneuch weemen ettlin tae be posh in Gawston tae be descrievit in this wey. Ye maistly heard it referrin tae weemen in the cities that were aspirin tae be middle cless but no quite haein the means. "She's aw fur coats an nae knickers, that ane."

"He (or she) wad cause bother in an empty hoose," wis a saw aboot fowk that were easily roozed.

"Dinnae spend it aw in the wan shop," wis aye yaised ironically. When a wean got a bawbee for runnin a message for an auld bodie, their mither wad say "dinnae spend it aw in the wan shop, hen." It wis her wey o sayin the wean shuid hae gotten mair bawbees fae the auld bodie for the darg she'd duin.

"Monie a mickle maks a muckle." George Washington referred tae it in 1793 as "a Scotch adage, than which nothing in nature is more true: 'that many mickles make a muckle.'" Sae this is a gey weel kent saw, but monie feel that it's meanin haes gaen agley an squeejee ower the years, for baith mickle and muckle mean big or great in Scots. I'm shuir at ae time it wad hae been, "Monie a puckle maks a muckle." In English, "many little things can add up and become a great amount." It micht hae been "monie littles mak muckle" at ae time as weel.

"Oot amang the whaups." (Out among the curlews.) I love this ane as I can see ma faither sayin it clearly in ma mind's ee an associate it wi his douce wey o bein. I had been makin a televeision series on the historie o the Scottish miners for the BBC, and I veisited Dad in Gawston efter filmin at a ruined Miner's Raw cried Benwhat that wis up on a heich muirlan hill abuin Patna an Dalmellington. Faither had a guid frien doon that wey, Hughie Johnston, wha played in the brass baund in Dalmellington, an shared ma faither's love o that kinna music, sae he kent the area weel. Sae when he heard whaur I'd been, he said, "By ye've been oot amang the whaups the day, son!" I hae a tear in ma ee jist thinkin aboot it.

Worthies an Characters

Gawston wis thrang wi worthies. Naw, thinkin mair aboot it, Gawston wis hoatchin wi worthies and wi characters – characters bein strang-willed bodies that werenae auld an byordnar eneuch tae be designated worthies.

Nellie Crossan wis a worthy wha stravaiged the burgh's streets in the 1950s like a veision o the lang-frockit wifies fae lang syne. Nellie wore a black spottit skirt that gaed doon tae her cuits, muckle haliket buits that wuidnae hae luikit oot o place doon the pits, a black heich-neckit blouse, a black ticht waisted jaiket an a shawl, whiles broun, maistly black that she fauldit ticht ower her kist an tied at the back. Her hair wis still black wi some flecks o electric filament siller even in her Sixties or maybe e'en her Seiventies, an it stuck oot abuin her heid aw ower the place and gey unkamed. It wis as if she she belanged tae an aulder Gawston, mair like a wee mercat toon in a kintrae airt o Kyle raither nor the the industrial veillage it had become through the mines an the mills. She run messages for fowk an got some siller for her pooch that wey, but she wis a puir sowel as weel. Awbody kent her, but she wis that different luikin that the younger bairns were a bittie feart o her and whiles got a fleg when they turned a corner an saw her hirplin towards thaim.

Gandhi wis anither worthy. E'en wi cranreuch on the parks, e'en when the rest o Gawston wis chitterin wi the cauld, e'en wi snawdrifts smoorin the streets an the ruifs o the hooses, Gandhi wore a jaiket wi nocht ava unnerneath it, sae his bare kist wis aye exposed tae snell winds, Baltic blasts an fooneran cauld wather. Hou he tholed it an didnae get pneumonia or ony o the deidly flus that rampaged thru the West o Scotland ilkae generation or sae, an tuik awa thoosands tae their lang hame, naebody cuid jalouse. But maybe it wis somethin tae dae wi the ile or embrocation he spreid aw ower the bits o the bodie that wis exposed. His kist an torso aye had a sheen tae it and that sheen gied aff a shairp medicinal smell like disinfectant, sae it maun hae been a saw that he'd devised or he'd bocht tae proteck him frae the winter wather. He wis a keep fit guru as weel, wha cuid be seen daein exercises oot in the fields ayont the PreFabs whaur he steyed up Maxwuid. Thae fields run doon tae the Irvine and luikit ower tae Loudoun's wuids and braes and up the valley tae Gilfuit in Newmulls. It wis quite a sicht tae see a strang, bare kistit chield wi the sun sklentin aff the saw-smoored sheen o his skin, as he made aw his skeely moves at the settin o a simmer sun. Whether he wis an ascetic follaeer o the Indian leader Mahatma Gandhi or whether it wis jist a bye-name he wis gien because he gaed aboot bare kistit like a boay in Bombay, naebody cuid tell, but he wis aye shuir o his status as a Gawston worthy.

Rab Kirk wisnae eccentric eneuch tae be a worthy, but he got the accolade o bein a character acause o his kenspeckle indiveiduality an the guid crack he shared wi awbody roon aboot him, especially in the Auld Men's Cabin doon near the Park. The Cabin whiles organised jaunts for its members tae places o interest for thaim, that werenae ower faur fae Gawston – Culzean Castle, Girvan, Sawney Bean's Cave, the toon o Ayr an the Electric Brae, Souter Johnnie's cottage doon in Kirkoswald, the Bachelor's Club in Tarbowton an a wheen ither airts forbye.

A highlicht ilka year tho wis the veisit tae Johnnie Walker's in Kilmaurnock. At a time when workin men cuid only afford a boattle o whisky ae day a year for their Ne'erday boattle, the lure o a muckle and free glaiss o the cratur at the end o the tour, had aye meant that the jaunt wis weel subscrievit. The first time Rab's cohort gaed, they were aw in guid tid on the wey doon tae Killie, an fou o patter aboot whisky an freedom gangin thegither. Onywey, the guide shawed thaim aw ower the plant an telt thaim the story o the local fairmer Walker wha had turned tae distillin at the time o the rise o the great blended whiskies in the 19th an 20th centuries, when the blend wis born in Killie in 1820 an wis still gaein strang. They were then shawn the bottlin plant, an the packagin haw fae whaur it wis shipped aw ower the world. The favourite place tho wis the blendin hall whaur aw the maut an grain whiskies were melled thegither as ane, an the rich aroma o usquebae pervadit the air and wis breathed in wi relish bi the auld Gawston men, anticipatin that gless at the end o the tour.

At last they were ushered intae the veisitor's room, an the nice lad that had led thaim roon said, "Right, Gentlemen, can I interest you in a dram?" Quick as a flash, Kirk replied, "That wad be braw son, cuid I hae a Crawford's?" – Crawford's bein a rival whisky that wis mair appreciatit in the howffs o Gawston than Johnnie Walkers! Every time the jaunt went tae Walkers, Kirk wad ask for a different dram at the end... Haig's, Dewar's, Ballantine's. It aye got a wee geigle fae the rest o the squad fae the Auld Men's Cabin, and therefore it aye annoyed the Walker's guide a bittie. Rab Kirk wis a character, but he wis mebbe a Kyle clairvoyant as weel. For although Johnnie Walker advertised for years its historic origins in Kilmaurnock "Born 1820. Still Going Strong," that made nae difference tae the siller coonters o the muckle Diageo Group when they steekit the yetts o Walker's for the last time in 2012. By that time, the Auld Men's Cabin an a wheen ither things that made Kyle whit it wis were lang gaun tae. But maybe it showed the guid taste o Rab Kirk tae ask for onythin but Walkers when he an his cronies completed their tours back then.

Anither muckle character in the history o the Irvine Valley wis the man that brocht pouer loom lace weavin tae Derval, Alexander Morton, an turned it fae a quiet wee kintrae toun in a pooch o braw rollin hills dotted wi milk kye, intae an industrial hive wi buses an thrangs o workers gaein there fae as faur awa as Killie an Strathaven. Wan o the legends aboot him wis that he peyed his workers "in readin sweeties." I actually recordit a Derval man that wrocht as a Tenter in ane o the mills sayin that. Morton had askit the workers tae come oot an work for him on a Setterday, and he wad see them aw richt! Morton peyed them wi a poke o sweeties – thae wee readin sweeties scrievit wi sayins like "I love you"! Noo this is obviously an apocryphal story that never actually happened but whit it duis is illustrate the divide that grew atween the new cless o manufacturers in the Valley, an the workers wha had been haund loom wabsters in control o their ain destiny jist a generation or twa gaun bye.

The wabsters were prood and sel-educatit an ilka faimily wis its ain wee hive o industry, wi wabster, wife and weans aw daein their darg tae mak shuir the shuttles run wi speed in the laigh biggins that hoosed the loom an the faimily. A rhyme I recorded fae thaim gaed:

> A weaver said untae his son,
> the nicht that he wis born.
> "Ma blessins on yer curly pow.
> Ye'll rin for pirns the morn!"

But though Alexander Morton steyed in a muckle hoose cried Gowanbank that he biggit on the Cut atween Newmulls an Derval an his workers steyed in the totie wabster cottages, there wis ae passion they shared that belanged the haill o the Valley. While ye couldnae swing a cat within the wabster's cottages, withoot them there were lang gairdens whaur the faimily growed tatties, leeks and neeps an a wheen ither vegetables tae keep them self suffeicient in food, as weel as flouers, for the pleisure o sittin ootside in the douce, warm wather.

Noo wi the walth Morton creatit in his curtain factories, he had nae need o growin ingins an kale for eatin... but he wis eneuch o a Valley wabster bodie himsel tae pride himsel in his flouers, an he wis that skeely wi ae variety in parteiclar that this industrial behemoth o East Ayrshire gaed by a bye-name that kythed his personal passion... he got cried Pansy San! He wis famous for his pansies, and his hoose an gairdens at Gowanbank were hoachin wi ilka variety an colour he cuid get a haud o – yella, purpie, reid, frilly, fairy queen an mammoth... they were his pride an joy an when he shawed them at the Derval or Newmulls Flouer Shows, he wantit tae win.

He wantit the renoun o Pansy San tae spreid ower the haill o Kyle, Carrick and Cunninghame for here he thocht he cuid compete "on the level" jist like the local Freemasons. They drew their members fae ilka social backgrund but met thegither as equal brithers on the level o the ludge doon at the Baur Castle in Gawston whaur King Robert the Bruce steyed afore he led the Scots tae victory ower his English faes at Loudoun Hull ootside Derval. It wisnae quite true o coorse, cos San cuid afford tae scoor the kintrae roun for braw varieties ye cuid anely buy for heich prices fae nurseries aw ower England and Scotland. It wisnae quite pauchlin, but it gied San a richt advantage in his quest no jist tae be Pansy San but tae be Sanny, the Pansy King o Scots.

Gin it wis flouers that tickled Pansy San's fancy, it wis vegetables that did it for ither men in the three touns. For thaim, size wis everythin – muckle heavy tatties, lang leeks, abundant daurk green kale, and lang, lang currots. Ae Derval character, Zander Fleemin, wis that vauntie aboot the size o his currots he aince boasted tae a rival gairdener Shuggie Scade, in the nervous days afore the showdoon at Derval Show, that he wis a puir sowel tae be peetied, for he hadnae a hope in hell o beatin Zander: "Haud yer wheesht an stop yer blawin, ya gomeril, for ye've nae chance o liftin Furst Prize this year," said Zander, "Thae currots o mine are that lang an deep doon in the yird, Shuggie, that when I pu thaim oot, ye'll hear the kye rowtin in Australia."

In The Store

"There wis ham, ham that wisnae worth
a damn in the store, in the store.
There wis ham, ham that wisnae worth a damn,
in the Co-operative Store.

Mine eyes are dim, I cannot see, I have not
brought my specs with me,
I have not brought my specs with me.

There wis leeks, leeks that made ye pee
yer breeks in the store, in the store.
There wis leeks, leeks that made ye pee
yer breeks in the Co-operative store."

I cannae mind the rest o the lang leet o producks bocht fae the store that appeared in that sang that awbody kent back in the 1950s, but there wis definitely butter, butter that simply rhymed wi gutter, an there wis cheese, cheese that brocht ye tae yer knees in the store!

Nouadays when everythin is pre-wrapped an selt in supermairkets, ma memory o butter an cheese fae the store is o bricht licht comin in the windae o the Boatom Store

IN THE STORE

doon at the end o Titchfield Street, and a man wi a muckle white apron rowed roun him – I think they cried thaim brats lang syne - haunlin the muckle pat o butter wi dexterity sae he cuid cut exackly wi a muckle gulley whit ma mither wis efter, tae keep her faimily gaun for a wheen days. The giant daud o reid cheddar cheese wis haunled in the same wey, an manipulated richt an left whaur it wis sned exackly by the cheese wire. It wis aw duin by haun, by a server that kent yer name, kent yer family, yer extended faimily an mair nor likely their geneaology gaun back tae the days o Sawney Bean, the Ayrshire Cannibal fae wham aw richt Ayrshire fowk are descendit. Ma mum gaun her messages tae the Boatom Store wis a Setterday mornin ritual that her weans whiles participated in, in the hope they'd get an extra sweetie, but she usually did it on her ain. It wis some humph for her fae the Store back through the Public Park an up the brae o Holmes Road tae Loudoun Avenue.

When she arrived hame tho, she wis greeted as a hamecomin hero, kennin that the message bag wis thrang wi biscuits an sweeties as weel as breid, tea, cauld maet, jeely, milk, tatties, mince an a wheen ither things she somehoo managed tae cairry hame tae her waitin weans. Wan wean in parteiclar wis aye keepin a gleg ee open for her arrival, kennin fine weel that there wis a finite nummer o his favourite chocolate coated Hampden Wafers secreted in a white poke at the fuit o the aforementioned message bag, an that his big sisters wantit their share tae.

In a famous incident ae Setterday mornin in Mey, I stertit rakin in the bag as suin as ma mum won hame, an howked oot twa o the precious biscuits, wan in each haun. Seein me owerladen wi sic heckin excess, oor Mary, aye the fairest and maist reasonable wean, bein the eldest, shouted oot, "Mum! He's got twa Hampden Wafers!". Kennin I wis exposed wi nae mitigatin circumstances at aw, raither than gie up ane o the Wafers, I immediately took a bite oot o baith o thaim, kennin that wis the only wey I cuid haud on tae ma ill-gotten preuch. Ma mither an baith sisters were mair than likely dumbfoonert bi the gallous wee chancer in their midst, as he chachled his deleicious sweet treats wi impunity an sparkling een that said "wha daur meddle wi me?" Guilty, yer Honour!

I can still mind oor Store nummer – 1932 – a nummer ye rattled aff ilka time ye bocht ocht in the store – fae a pun o mince fae the butcher, tae new shuin fae the shoe shop tae a three piece suite fae the furniture depairtment... aw wis provided for bi the Store or the Galston Co-operative Society tae gie it its full, posh name. At the end o the year ye got yer Dividend – a peyment gien tae aw store members calculated on hoo much they'd spent an therefore wis due tae get peyed back. Weans tended tae get a treat or new claes on Store Dividend Day, sae there wis a happy, pairty atmosphere abraid when ye queued tae colleck yer dividend.

I think as weel that the co-operative ideals belanged easily in Kyle amang the miners an the wabsters – jist ower the hill up the Glesga road fae Gawston is the veillage o Fenwick, that wis ane o the pioneers in the haill co-operative movement, leain a legacy as faur awa as New Zealand. There wis a faimily connection tae the physical praisence o the store in the toon as weel wi ma ain great-granfaither bein a maister stane mason that wis there at the biggin o the main Store heidquarter buildin in Brewland Street – an impressive three storey biggin in braw reid saundstane that's there tae this day. In a book o auld photies o Gawston that ma faither hained and I hae noo, there's ane that wis taen at the biggin o the Higher Grade Schuil that shaws aw the warkers gaithert thegither in the yaird in front o the schuil, that wis destined tae become a playgrund for thoosans o weans ower monie, monie generations. Ma great grandfaither, William Kay, is there in the middle o the warkers wi his black beard an strang daurk hair – a Kay through and through.

The Store had a shoe shop, a claes shop, a furniture shop, an twa muckle grocery shops – the Tap Store an the Boatom Store. The Co-operative Hall upstairs in that biggin built by oor great-granfaither wis yaised for thrang waddins and dowie funerals whaur the Purvey wis also provided by the Co-operative. I'm gey shuir as weel that they even had their ain Undertakkers lang syne, sae they had a strang grup on life in the toon awthegither. Even the picturs ye saw on fowk's waws lang syne were gotten fae the Co-op furniture shop in Wallace Street – wi thon exotic Tretchikoff print o the Green Lady visible in a guid few hooses I frequentit durin ma bairnheid there.

The Store wis responsible as weel for the famous Poke that weans got when they gaed on the annual jaunt tae the seaside cried Gawston Gala Day. The Gala Day wis a highlicht o the year whaur the haill toon turned oot an mairched ahint the Burgh Baund tae the Railway Station, whaur a specially commissioned train transported awbody doon tae Ayr or Troon, an whaur faimlies sat on the gress on deck chairs, gaed for a dook in the sea or a paiddle in the paiddlin pool. Races were organised on the gress as weel, wi guid siller prizes gien tae the winners o awthin fae straicht sprints, tae egg an spuin races, tae three leggit races for the different age groups. I won some serious pocket money masel on ane or twa occasions cause I cuid run fast as a wean. There wis also a Store Lorry praisent and, aff the back o that lorry, faithers and mithers and weans gaed tae get their Poke an a wee bottle o schuil milk. Gin ma memorie sers me weel the Poke comprised a sandwich, made wi butter an maet paste, a baked biscuit like an Empire Biscuit wi a glace cherry on tap, and a snowball – a coconut covered roon sponge cake that wis fullin an deleicious.

If the Store wis praisent in jist aboot every area o oor life lang syne, there wis still room for a puckle ither shops an businesses that had their ain chairacter, a chairacter usually determined by the owner. The hardware shop up Wallace Street wis a relic fae anither time, wi a couthie local mannie wha hirpled wi his gammy leg. There wis a TV programme at the time set amang the cowboys o the wild west cried Bonanza, an in it there wis an awfie likeable chairacter wi ae limpin leg cried Chester that mindit us wee booys o Mr Black fae the hardware shop, sae that made him even nicer in oor een. He wad serve ilka bodie himsel at the coonter, sclimmin awkwardly up a slidin ladder ahint him that ran the length o a wa that streitched fae the flair tae the heich ceilin and had wee compairtments wi ilka size o screws an plugs an brushes an grout an pents an haimmers an meisurin tape an aixes an tools an awthin a bodie needit tae get that wee job duin that had been deavin a man's wife ower lang. I wuidnae scrieve that nooadays in sic sexist terms, but I'm gey shuir it wis maistly the men that did ony DIY in the hoose, an even men that declarit thaimsels haunless, like ma faither, were expeckit tae deleiver practical remeids tae hoosehaud problems noo and again.

Anither legendary business in the toon wis Johnnie Crombie's the hairdressers up at the tap o Wallace Street. Johnny wis a character wi a rakish sense o humour that had helped him bigg up a big clientele amang weemen fae aw walks o Gawston life - the ladies that were teachers an the wives o business fowk fae the big reid saundstane hooses up Cessnock Road tae the workin cless weemen fae the scheme, like ma mither. Ma mum had ane o whit she cried her "wee cleanin jobs" at Johnny's shop, sae I wad jalouse that she got discoontit perms as pairt o the agreement. Sae even when Johnny had her dochter Janette greetin on her waddin day because o whit she saw as the ruination o her hair on the maist important day o her life, ma mither an the weemen o Gawston stuck by Johnnie because he wis a lovable worthy wi guid patter.

Tae onybody fae ootside Gawston, stories o him leain wifies unner the dryer while he nippit doon the road tae hae a pint in the Wee Train wad hae cast doots on the quality o the service bein providit. But it wis meikle waur than thon, and yet the clientele tholed it as pairt o Johnnie's braid range o eccentreicities. For alang wi his daily darg o makin the weemen o Gawston mair beautifu, he wis also intae motorbikes, an combined baith acteivities wi great aplomb. Sae again, Johnnie wad gie a wumman a perm, puit her unner the drier, and gae oot ontae the road an grapple wi his ily moorbike. If the problem wi the engine o the motorbike took langer nor he ettled, weel, the wifie micht hae tae taigle unner the drier for a wee hauf oor ayont the required time... efter aw, Johnny wis meticulous in baith o his daily dargs.

I cannae imagine anither beauty parlour in the haill wide warld whaur the main hairdresser doobled as an ily motor mechanic, but in Gawston at Johnnie Crombie's it wis the norm and awbody acceptit it. Gin the wather wis dreich, in fact, Johnny wad whiles bring his bike intae the shop itsel an wark on it there – the ladies haein tae wale their fuitsteps weel as they steppit daintily atween the bike an the sinks! Usually though, the bike wis ootside on the pavement, and when he'd feinished a stint on it, he wad come in, gie his ily black haunds a dicht wi his staundby cloot, an proceed tae mak the waitin Gawston weemen braw! Noo I micht be wrang – mebbe he had a special haun preparation that got rid o the ile in a flash, sae that he wis aye pristine when he gaed back tae the sneddin, primpin an preparin, but the wey I heard tell, it wis a quick dicht wi his special claith, a wee wash o the hauns, synd thaim unner runnin watter, an that wis him ready tae chairm the ladies wance again. A Total Gawston Legend. Tak a bou, Johnnie Crombie!

I left Gawston as ma permanent dwallin place when I gaed tae Embro Uni afore ma eichteenth birthday in 1969, sae I wis never pairt o the pub culture in the toon. That cam efter, when I'd gae doon an veisit ma mither and faither, whiles takin friens fae university that lued experiencin sma toon life in the West o Scotland, and in the hert o the Burns kintrae for thaim thirled tae a love o leiterature. I mind takin an American frien Sue intae the Masonic Airms pub roon aboot 1972 for example an when the pub's landlady spiered whit Sue wantit tae drink, she wis fair bumbaized an taen aback when Sue reponed innocently, "Could I have a glass of wine, please." A wine revolution haes happened in Scotland sinsyne, but as late as the early Seiventies in Kyle the word wine wis still associated in that prim landlady's een wi the chaip fortified electric soup drunk bi jaikies and doon an oots, an the last thing she wad sell in a respectable shop like hers wis wine! The words an brands associatit wi siccan rascally liquor wis the VP, the El-do-ra-do, the Reid Biddy, the Swally, the Lannie, Lanliq an Electric Soup.

She wad hae gotten the same reaction in ilka ither pub in the toon – the Wee Train, the Buck's Heid, the Black Bull, the Portland Airms, the Burns Tavern and the Standalane Tavern as weel as the ither drinkin estaiblishments that were attached tae local organisations like the Boolin Club, the Labour Club or the Mason's Club. In that same period o the early Seiventies I traivelled a lot in the States an mind veisitin a totie wee toon in Texas cried Olney wi ma girlfriend an it strikin me that it wis aboot the same size as Gawston. The major difference wis that there were 13 kirk denominations in Olney, while there were 13 drinkin estaiblishments in Gawston!

It wis in the pub jist up fae the Fower Coarners, the Mason's Arms, that I wis gien ane o the best stories aboot the ignorance surroondin spoken Scots amang thaim that hae nae contack wi solid Scots-speakin communities. A boay that wis mairrit on a neebour lass fae Loudoun Avenue came up tae me ae nicht years efter I had left Gawston, but wis weel kent an weel regairdit for ma wark on Scots in the book Scots: The Mither Tongue, as weel as TV and radio series celebratin the leid's history.

Billy wis a sparky that ran his ain electrical companie, an he wis eident tae tell me aboot an incident that happened tae him and his boays in a hoose they were warkin in on the Friday efternuin. "I thocht aboot ye, when it happened, Billy. It wes gey nearhaun fower o clock, sae I says, 'Richt boys, redd up and gaither aw yer graith thegither, its lowsin time.' Jist then a bit came on the wireless aboot the daith o Scots an the expert lamented the fack that 'once common words like "graith" and "redd" were no longer in currency.' Me an the boys juist luiked at wan anither an speired whit kinna planet he wes leivin on!" Like that expert, monie o thaim that threaps on aboot Scots wuidnae ken a Scots word gin it lowped up an skelped thaim on the pus!

Mair important than the pubs for a wean growin up were the cafés. The Scots-Italians had wrocht a revolution in Scottish society providin attractive, alcohol-free, faimily-oriented alternatives tae the pubs and tae the alcohol abuse that blighted workin cless culture at ae time in "whisky injured Scotland." The Gawston cafes were aw run by Italian faimilies except mebbe Maggie Broons... though Maggie hersel micht hae been Italian but mairrit a local boay cried Broon. Her wee café wis in Church Lane an it wis famous for its cairry-oot fish suppers and the Jamaica pepper she lashed on tae the crispy batter o the fish alang wi the saut an vinegar. The broon cayenne pepper gied it a unique taste and aroma I can still mind o tae this day... sixty year on.

Peter Poli's wis on Wallace Street, an they were famous for their ice cream, a fresh natural taste made wi the thick creamy milk fae the Ayrshire kye dotted roon aboot the toon in the lush green fields o Kyle an Cunninghame. A McCallum – a bowl o Poli's ice cream wi a bricht reid raspberry sauce on tap - wis a treat dangled afore reluctant Kay weans tae thole the lang kintrae walks up the Sorn Road that their parents insisted wis guid for thaim on sunny Sunday efternuins! Anither café, Banna's, had the best jukebox for teenagers tae hing aboot there, and the Queen Mary Café at the Cross wis aw white marble tables, black wrocht ironwark, and polished wuid, spacious and mebbe the maist genteel o the gaitherin places available.

Maist o the Italians that settled in the West o Scotland were fae Tuscany, aften fae the toon o Barga, sae I'm gey shuir that wis true o the Gawston Italians tae. When I wis wee, the aulder men ahint the coonter servin fowk still had a distinctive patois that wis a mell o the local dialect o Scots and their ain Italian intonation. "Tak a da babby aff the coonter, Sur... chippy no ready, no be lang," wis some o the weel-remembered phrases.

Ma ain fascination for language an different weys o talkin got me intae bother aince as a 16 year auld boay. I studied Roushian in Kilmaurnock Academy efter gaein there tae dae ma Highers atween 1967 an 1969. In ma fift year, we were tellt aboot a Scottish Schuils trip gaun tae Roushia that summer o 1968. I decidit tae gae on the trip gin I cuid save up eneuch siller fae a Setterday job. The furst o thaim wis in the Moka Café, that wis awa doon Killie's main street near the Baths an no that faur fae Rugby Park, the fitba stadium, as weel. I wis a waiter in the muckle café premises up the stair, an that involved me gaein through tae the cairry oot bit doon the stair. Wan Setterday eenin, twa braw lassies cam in wha saw ma daurk hair an broon een, an cam tae the follaein conclusion, "You're Italian, uren't ye?" Bein a chancer and aye on the luik oot for banter, I replied yaisin the Scots-Italian accent, "Si, ma name is Pio an I come fae Rimini." The Italian brithers ahint the coonter, the café's owners, smiled at this encoonter sae I thocht that gied me a green licht tae kid on I wis Scots-Italian fae then on!

Houever, on the saicont Setterday, the Scottish wife o ane o the brithers took me aside an telt me tae stop the patter immediately as they thocht I wis takin the mickey oot o thaim. I wisnae at aw, but wi aw the daftness o a young yin, I didnae realise that monie wad hae interpretit ma behaviour in sic a wey. Onywey, I tuik it on board, an I think I lasted tae the third Setterday, when gaun intae the cairry oot place for an order, I pit a wee totie bit o Italian accented intonation on the last syllable o an order.... "and a single a fish, please," an the boay ahint the coonter jist exploded afore ma verra een an gied me ma jotters wi immediate effeck, rantin aboot makin a fuil o him an his fowk.

I wis the total twat, I ken, but I wis still taen aback an fair affrontit by whit transpired! I also learnit ma lesson. Fortunately, in thae days o the 1960s, pairt-time jobs were easy tae come by, an a week later I stertit in the recently opened Templeton's supermairket in Gawston toon centre, an there I earned siller eneuch tae gae on that amazin schuil trip tae Roushia that involved a train tae London, a Soviet ship fae Tilbury tae Riga in Latvia, an Aeroflot flicht – ma furst ever flicht – fae Riga tae Moscow, an owernicht train fae Moscow tae Leningrad and a Soviet ship fae Leningrad tae Leith. Oh, and it fair improved ma Roushian tae!

Luikin back on thae days at hame anither muckle

difference atween noo an then, wis the want o American drinks like Coca Cola an Pepsi Cola comin intae the hoose. Oor ginger cam aff the back o a leemonade lorry that appeared ootside the hoose in Loudoun Avenue ilka Setterday forenuin, deleivered tae yer door by young boays wha were prood tae deleiver their precious cargo. "Curries o Auchinleck" wis oor local firm that produced thir "Aerated Waters" as they were descrieved on the side o the lorry. We bocht roon aboot fower boattles o ginger tae keep us gaun – wi favourite flavours bein Vimto, American Cream Soda, Leemonade, Pineapple, an the gey strange flavour o Dandelion and Burdock, tho there wis a wheen ithers tae wale fae tae.

Oor generic term for sic leemonade, nae maitter the flavour, wis ginger. I presume that cam fae the time faimilies made their ain ginger beer at hame – that wis still on the go as weel in the 1950s. We didnae hae a fridge, sae they werenae chilled the wey they wuid be the day, an I aften drunk them straicht fae the boattle. Like the aforementioned Hampden Wafers, ye kent tae get a few slugs o ginger in early doors, or ye micht miss oot for a week!

Ither businesses fae ayont Gawston that had a direck effect on the life o the population included a firm fae Newmulls that had baith hearses and taxis. Famous for takin heavily pregnant weemen tae the hospital tae deleiver their weans, and for takin deceased fowk tae their lang hame, it wis kent locally as Womb tae Tomb! In Newmulls as weel wis the local discotheque that wis gaun great guns in the 1970s. It wis located within the Covenanters Tavern, an wis kennt locally as the Covies. Tae onybody fae ootside the Valley that kent the sair history o the Killin Times o the Seiventeenth Century an the persecution o the Covenanters, the thocht o somethin as freivilous as a dance flair cawed the Covies must hae come as a muckle gunk tae the sensibeilities!

I mind gaun tae the jiggin there aince when I wis hame fae uni roon aboot 1969 an talkin tae a local lassie. When she recognised ma name, she spiered "An wha ur you for a Kay?" We then exchynged geneaogies sae she kent exackly wha she wis dealin wi on the dance flair! She had nocht tae fash hersel aboot – the Kay boays were aw guid dancers! I mind tae that she gied me a hurl hame in her caur, a wee Saab... an she tellt me wi a wee touch o irony an humour that its name aye made her dowie an sad – tae sab wis current Scots for to sob, an sechin an sabbin wis an expression yaised tae descrieve a bodie in distress – she wis aye sechin an sabbin – sighing and sobbing.

As a precocious teenager – ma Gran Carruthers wey o sayin that wis "you're faur too auld for yer years, Billy Kay!" – the phrase wis yaised by ma ain mither when I brocht a 45rpm single record hame tae play on ma wee Dansette record player. It wis a sang in French by Serge Gainsbourg an Jane Birkin, cried "Je t'aime! Moi, non plus!" that wis a big hit appropriately in the year o 1969 – Soixante Neuf - an contained the semi-erotic soonds o an attractive French wumman fair enjoyin explorin her sexuality wi her pairtner. I played it tae wind up ma ain mither, but her wice repone, wi a wee concealit smile I'm shuir, has stuck in ma memory years sinsyne. "That's a bonnie tune, son, but there's an affie lot o sechin an sabbin in it!" And she wis richt, so she wis!

By, Ye Can Heck!

~~~~

This wis a humorous exclamation yaised by ma mither tae describe a bodie that wis heckin a muckle amoont o food wi relish an enjoyment. I think she probably stairtit yaisin it wi me when I cam hame on holiday fae Embro Uni, haein survived on whit we cuid wrastle thegither in oor puir, cauld, founerin student flat. Nane o the Ayrshire boays I steyed wi had been learit hou tae cook by their mithers at that time, sae it wis a maitter o basics like biled eggs an toast, or a feast o stodgy scran at the Student Union Refectory in Teviot Raw! It wis the guid hamely fare we dined on in Gawston an the comparative abundance o it available that garred me be gargantuan in ma appetite back then in ma late teens an twinties.

It hadnae aye been sae. As a boay I hatit biled tatties, an wi that bein a staple o the Scottish hoosewife's repertoire at the time, I obviously had a major problem wi ma wee mammy. She described me as a "picky wean", ane that wis aye a sair fecht tae feed. Whit she didnae ken, wis that when there were tatties on ma plate, I picked at thaim, an taigled lang eneuch ower thaim till awbody else had left the table, syne I wad scrape thaim intae the bin an try tae smoor the evidence wi the rest o the rubbish. Ae efternuin though, the bin wis that stowed oot an thrang wi rubbish that I had tae resort tae scrapin the cauld white tatties an left ower mince ontae the black coal in the bunker, that wis atween the kitchen whaur we et, an the back door. Whiles in the guid wather, I wad snoove oot the back green an scrape the plate in a neuk neist tae the hedge, but this must hae taen place in the winter time.

Onywey, tae mak siccar o hidin the scrapit tatties I actually stepped ower the wuiden bit hauden the coal in, an proceedit wi ma dastardly darg! Ma maw cam through an caught me there reid haundit... and reid faced as weel, I'm gey shuir! As her youngest wean an her anely boay, though, I kent that ma mither's displeisure wuidnae last ower lang, for she wis as browdened on her bairns as aw the weemen I kent. Basically, aw west o Scotland mammy's boays ken instinctively that they'll get aff wi murder as faur as their mammy's concerned! On that occasion – we'd likely cry it Coalgate nooadays – she wad hae needit tae get ma baffies aff me tae clean the coal stour aff thaim, syne gie me a dicht in the hauns an face tae redd me o the black marks aff the coal. I wad hae been a richt slitter, an she wad hae been in a mogre for a while till she got me soartit oot. Only then, micht she hae alloued hersel a wee smile at her daft boay, and the problems she had tae feed the pawkie wee gomeril.

I wis that pickie that the bakin attractions o oor dear neebour Annie Murray were brocht intae play tae see if bribin me wi sole access tae thaim wad mak me eident tae eat ma mince an tatties! Annie, wha ye meet in the Bully Boays chapter, wis a brilliant baker o scones and o pancakes wrocht on tap o a an auld farrant het griddle. She wad aye mak special squeegee pancakes in funny shapes for the delicht o me an ma sisters. But her speciality, her crème de la crème o the baking airt, cam in the glorious form o her sponge cake – twa saft layers o deleicious, freshly baked sponge wi thickly whupped Ayrshire dooble cream in atween thaim. We're talkin serious magnificence here, an in thae days o ultra plain main dishes, the thocht o gettin ma haunds on a haill sponge aw tae masel wis quite an inducement. The deal wis that if I "cleaned ma plate" o whitiver wis gien me for ma denner for wan haill week, then Annie wad bake me ma ain sponge for consumption efter the last meal o the deal on the Friday efternuin. Onywey, by heuk or by crook, by a bit o pauchlin on ma pairt an a fair bit o leeway on ma mammy's pairt, I managed tae clean ma plate ilka nicht for a haill lang week. The prize wis mine, and true tae her word the sponge sat in aw its gowden, licht broon glory on a bakin tray ben the scullery when I gaed roun tae collect it late on the Friday efternuin! Aff coorse there's aye a twist isn't there. Despite the fact that it wis ME that had cleaned MA plate tae earn MA sponge... ma big sisters said they wantit a slice, syne ma faither, syne ma mither! Insteid o a haill sponge tae mysel, it endit up mair like a third o a sponge tae mysel and I still tell oor Mary an Janette hou unreasonable they were when the incident took place in 1957!

But the basic food available at that time wis gey basic. There were nae spices, nae haute cusine, but plenty hoat biled vegetables alang wi a pork or gigot chop, or lorne sausage, or a stew or a fried breided haddy. Ma mither wis health-conscious sae, unlike a wheen o ma pals, we anely got chips aince a week, sae we werenae consumin a lot o fatty foods. She made dough balls tae go wi mince an tatties, an a speciality she had that I grew tae appreciate later in life wis stovies. There wis different weys o makin stovies but in oor hoose it wis wi a bit o lorne sausage broken up wi tatties an steired thegither, maybe wi fried ingins an aw. Saut an pepper were addit, and it made a richt tasty dish that we aw luvit, especially later on in life. Ma wife, wha wis brocht up in a hoose whaur they had their ain cook shawin the range o Portuguese cuisine, still waxes lyrical aboot Mammy Kay's stovies forty year on! Whiles on a Sunday mornin, we also had a big fry up wi eggs, link sausage, Ayrshire bacon an fried tattie scones or even soda or syrup scones.

She wis also a makar o great soup – Scotch broth wi barley, tattie and leek soup an lentil soup wi a ham bane were the anes I mind o best, cause they were a braw example o Scottish soul food at its very best. They were aye warm, reekin, rich an healthy at the same time. No sae healthy, but pairt o ilka meal ma mither wrocht wis a series o hame made desserts that were chachled doun by us aw; rhubarb an aipple tairt or crumble, Eve's puddin wrocht wi cookin aipples, an butter rich sponge were the maist common an they were usually presented slaistered in hame made yella custard, or whiles jist wi added milk. I say jist, but the milk then wis rich an creamy an made wi the milk fae the braw herds o Ayrshire kye we passed oot on oor walks in the green Kyle kintraeside. The milk wis delivered tae the front step o the hoose in pint milk bottles, an the cream rose tae the neck o the bottle, as thick as whupped cream and every bit as unctuous in the mooth o Ayrshire weans!

Some fowk took schuil dinners at lunch time, but I aye

gaed hame tae Loudoun Avenue whaur the staple in aw ma time in Gawston wis a piece and banana – a white plain loaf sandwich o butter and mashed banana... syne a wee chocolate biscuit tae feinish wi! The main meal o the day – tea time we cried it – wis 5 o'clock in the efternuin when ma dad cam hame fae his wark at Massey Fergusons in Killie. That 5 o'clock denner time wis a soorce o banter atween me an ma wife ower monie years. In her kintrae 8 o'clock at nicht wis the denner time she wis yaised tae, sae a lot o negotiatin wis necessair tae find a compromise denner time that suited baith pairties as weel as a faimily o three weans. I'm pleased tae say, that eventually we settled doon tae a regular faimily denner time that wis closer tae 5 than 8 o'clock! Whiles in the intervenin years though, when I wis stervin o hunger an makin mane aboot hou late we were rinnin, João wad repone "You should think yourself lucky. If you'd married a Spaniard, you'd be having dinner at 10 o'clock at night!" Ma repone tae that wis, "Aye, an if I'd mairrit a wumman fae Tierra del Fuego, it wad hae been at twa in mornin! But I didnae, sae whaur's ma tea?" We survived the banter, an there's nae bigger fan o Portuguese cookin in the warld than me the day.

Elsewhaur in the book I scrieve aboot whit it wis like bein confrontit wi French food when I hitchhiked fae Gawston tae Rouen tae stey wi ma pen pal when I wis fifteen year auld. Ye'll get an idea o whit a culture shock it wis seein Roquefort, Brie an Camembert for the first time when the anely cheese we had ever seen at hame wis reid cheddar. Noo that reid cheddar made the best roastit cheese in the warld, sae I wullnae knock it, but it didnae prepare me for the gunk o experiencin the routh o French cheeses. Roastit cheese wis a common supper snack roon aboot 9 o'clock at nicht wi a cup o tea. Eatin at 5 made ye hungry gin 9, sae ye needit somethin tae keep ye gaun afore bedtime.

Ither things we tak for grantit nooadays fae green peppers tae yoghurt jist werenae available in wee airts like the Valley villages at that time. Even in a bigger population centre like Kilmaurnock, monie foodstuffs were a lang time comin. I must hae been aboot 12 year auld when I mind readin an advertisin feature in the Kilmaurnock Staundart aboot this new but ancient food cried yoghurt that wis gaun tae be in the Co-op that weekend. I bocht ma first carton on the wey hame fae Killie baths. I wisnae shuir aboot its wersht sweet an soor taste, nor the fack it had a wee sweet chocolate lid on tap! Roon aboot the same time on ma wey tae yet anither soom in Killie baths whaur we had the added excitement o a wave machine, I saw ma first pineapple in the windae o a fruit shop on the main shoppin street. Efter the baths I gaed back tae the shop on the wey tae the bus station, bocht the pineapple wi ma pocket money an cairried it hame tae Gawston in ma swimmin bag. Neither me nor ma mither an faither had a clue hou tae cut it properly, as the anely pineapple we kent wis oot a can whaur the slices or chunks o pineapple wis submerged in a syrupy liquid. We managed somehou though, for I can still mind the flavour explosion in ma mooth o acidity an sweetness fae the flesh o the fruit! I wis intae readin American comics as a boay, an the Hawaiian islands wi its braw lassies, palm trees and exotic fruit aye fascinated me, sae I couldnae resist priein a pineapple when I saw a real ane for the first time circa 1962!

If the food at hame wis halesome but plain farin, ma mither came intae her ain when it cam tae the muckle faimily celebrations o birthdays, Hogmanay an Neuerday. I dinnae include Christmas in that because durin the 1950s Christmas Day wis still a workin day for maist adults, sae the sense o occasion tended tae be confined tae the weans, tho maybe in faimilies wi a strang Christian tradeition, there wis a special dinner cooked on Christmas Day. No in oors. That didnae detract fae ocht tae dae wi Christmas as a wean, an I can still mind braw Christmas Days hanseled in wi a native American wigwam biggit on the leivin room flair and the rich reid cotton o a Manchester United fitba strip when I idolised the Scottish striker Denis Law! Fitba books like the Topical Times Football Annual were there as weel, and aw the weans got their ain Cadbury's or Rowntree's Selection Box thrang wi aw kinna chocolate confections. Nae wean wis bothered aboot no gettin Christmas dinner when they had a fou selection box tae heck through ower the festive season.

The birthday treat wis the clootie dumplin, a muckle puddin wrocht wi self-raisin flouer, sultanas, broon sugar, gowden syrup, suet, allspice an cinnamon, eggs and butter that wis melled thegither in a bowl, syne scraped intae a muckle cloot. Eikit tae the mix wis a puckle favours for the weans tae find inside the dumplin when they et it later on. In oor hoose the favours were aye wee siller threepennie bits that were rowed in grease proof paper an derned in the dumplin mix. It wis aye magical tae find ane in the dumplin on yer plate, especially if you were the birthday boay! The fower ends o the cloot wis drawn thegither an tied tichtly wi string, then the haill lot wis placed inside a big pot wi space eneuch tae immerse in watter awthin but the tied tap o the clout. The dumplin then simmered awa for whit seemed like oors on the tap o the cooker. On the day o the dumplin, that wis the denner, nocht else, sae ye were stervin by the time 5 o'clock came.

The ither ritual enjoyed by me an ma sisters wis the scrapin o the skin o the dumplin left on the cloot efter ma mither turned it oot on a muckle plate. By some fey alchemy, the skin on the cloot wis even tastier than the skin on the bit o the dumplin ye hecked! Some fowk added custard tae their dumplin, but wi us it wis jist creamy Ayrshire milk that wis eikit, sae that we cuid enjoy the warm, reekin, an richly unctuous experience o eatin the sonsie dumplin aw its lane. Neebours, I'm droolin at ma desk the noo, jist thinkin aboot it! That ither boay fae Kyle cried Burns got it aw wrang when he cried a haggis the "great Chieftain o the puddin race". Withoot ony shadae o a doot, Rabbie, the Dumplin in a Cloot is the Great Chieftain o the Puddin Race.

New Year wis the maist important celebration an the wark ma mither puit intae makin it somethin special for her faimily wis legendary. In the days afore Hogmanay she wad be thrang in the kitchen makin sweet smellin butter shortbreid an the densest fruitiest Daurk Bun that onybody ever tasted. I hae heard ithers cry it Black Bun, but mum cawed it Daurk Bun, an its daurk, tangy fruity taste bides in ma memory bank for aye. The day o Hogmanay she wis a dervish o acteivity, makin the hoose spotless tae prepare for the comin New Year, and cookin a big pat o mushy peas wi a ham bane added tae gie it mair flavour. A bowl o hot mushy peas sprinkled wi maut vinegar wis offered tae the revellers that came tae the hoose, as sustenance tae keep thaim gaun tae the wee sma oors o New Year's mornin.

Ma mither wis supersteitious fae the Fife side o the faimily mair than the Ayrshire side I wad jalouse, sae the Furst Fuit that entered the hoose wis gey important tae her. Simply put, he had tae be tall an daurk an preferably handsome and guid luikin! Noo monie o ma faither's Kay brithers an nephews were daurk-haired an daicent luikin an jist tall eneuch tae pass muster in the Furst Fuit category laid doon by ma mum! Houaniver, if she felt there wis ony danger that the furst fuit cuid be a fair-heidit chiel that cuid bring nocht but bad luck for a year, then she wis forced tae tak maitters intae her ain haunds, an send a daurk-haired boay oot the hoose tae wait tae he heard the bells chime on the toun knock, afore chappin at oor door wi his Neuerday Bottle in his haund. Ma guidbrither Jim fae Derval frequently got the role, whauras ma ither guidbrither Rab fae Hurlford never got the shout, because he wis fair-heidit an that wad hae brocht a curse doon upon oor hoose an aw that dwalt in it! I got the role mysel a nummer o times later on, an I hae gien the responsibeility on tae ma ain son and guidsons as, fortunately, they're aw tall, daurk an handsome.

Ma mither an faither lued haein faimily an friens roon aboot thaim on Hogmanay sae the hoose wis usually thrang till the wee sma oors. Although there wis dancin tae whitever music wis popular at the time, fae the Beatles tae The Four Tops, it wis still a time when ye were expectit tae "dae a turn" yersel. Daein a turn meant singin a sang or recitin a poem. Wi sae monie fowk in the room bein born in Kyle in the hert o the Burns Kintrae, it wisnae surprisin that Burns featured prominently in the repertoire o the sangsters praisent, an luve sangs like My Love is like a Reid, Reid Rose, the Lea Rig and O Aw the Airts the Wind Can Blaw are minded still by thaim that were blissit tae be there tae hear thaim. Awbody sang oor new year anthem A Guid New Year Tae Yin and A' as weel. Fowk gied each ither drams fae their Neuerday bottle, an the langer the nicht gaed on, the mair likely the Scots sangs cam tae the fore tae haud awbody in thrall. The haill faimily minds on thae great nichts in Gawston.

On New Year's mornin we were aw wabbit fae the nicht afore, but ane o the tradeitions we got up for wis tae hear the Burgh Baund aka the Brass Baund an Galston Silver Band (tae gie it the posh name that naebody yaised) dae the rouns o the auld burgh playin A Guid New Year and A Man's a Man for Aw That, Rowan Tree and ither tradeitional Scots airs that steired the hert. Tae dae that efter a nicht's carousin wis heroic in ma een, an the wee man cried Hughie that battered the muckle drum tae lead thaim through the street wis the super hero. There were heroes bidin in oor hoose tae, for baith ma big sister Mary (French horn) and ma dad (baritone) played in the Baund at ae time, sae baith were up wi the laverocks tae handsel in the New Year on a nummer o occasions in thae happy years I steyed in Gawston.

The main fairin on New Year's Day wis the steak pie that ye ordered fae the store butcher. It luikit magnificent and tastit braw wi mushy peas wi a tait vinegar, an buttered champit tatties. The crust on the pie wis gowden an crisp on the ootside, but wi fleshy an succulent skin on the inside... the diced steak in its rich gravy wis deleicious an fowk jist lued the haill mixture. I'm gey shuir maist airts in the kintrae had the same tradeition, tho maybe the mushy peas wis mair popular in the auld minin pairts o Scotland. I ken that Fife minin faimilies that gaed tae wark in coalfields in England like Yorkshire an Derbyshire in the 1950s an 60s still got their steak pies sent sooth fae the butcher in Kelty for a guid nummer o years. I hope they're still daein it!

A wee bit aboot drinkin tae bring this chapter on heckin tae an end. When I gaed tae the uni in Embro fae 1969 tae 1974, I stertit tae get intae wine, an wis drawn especially tae the reid wine o Bordeaux cawed claret that at ae time had linked Scotland an France sae strangly that it wis kirstened the "bluidstream o the auld alliance." Me an ma Hielan fier Cailean Maclean eventually scrievit a haill quair on the subjeck yaisin a quote fae Burns for the title, Knee Deep in Claret. Weel, I introduced claret tae accompany the steak pie for the Neuerday denner in Gawston, syne for ilka Neuerday denner I hae organised sinsyne. It is a wunnerfou combination an I can thoroughly recommend it as a mairriage wrocht in heiven.

Through a Scottish lad that run the wark o the business in London for the UK, I aince did some scrievin wark for ane o the maist famous clarets in the warld, Château Mouton Rothschild in Pauillac. It wis afore ma weans were born, an afore the financial responsibeility o luikin efter thaim sae I got thaim tae pey me, no in siller, but in wine! Ane o the bottles wis Château Mouton Rothschild 1982, ane o the greatest Bordeaux vintages o the twintieth century. I hained it for a special occasion – the Neuerday denner that handseled in the 21st century on Januar 1st, in the year 2000. It gaed awfie weel wi the steak pie! Sae weel that ane o ma dochters, Catriona, later got intae the fine wine business professionally. Efter priein that vintage Mouton, ye ken how brawly fine, guid reid wine can taste. Haein said aw that, gin I had kept the bottle insteid o drinkin it, I cuid hae selt it the day for ower £1200!

Every bit as valuable ilka new year wis the Neuerday bottle. For men back then it wis aye a bottle o whisky. Gey few warkin men cuid afford tae hae a bottle o whisky in the hoose at this time, sae tae hae yer ain bottle ower the New Year celebration added tae the glamour o the occasion. When ye gaed furst fuitin, ye cairried yer bottle wi ye, an the tradeition wis that ye got a dram fae the host an you in turn gied him or her a dram oot yer bottle. When I got intae maut whisky in ma twinties, again as a student in Embro, I aye walit ma Neuerday bottle, takin tent tae choose ane that I thocht wad bring guid cheer for the rest o the year. I lue the peat tang o the Islay drams sae I can mind braw bottles o Lagavulin an Laphroiag; classic mauts fae the kenspeckle Speyside distilleries o the Macallan an Glenlivet; a licht, perfumed and fruity Lawland dram fae Rosebank, as weel as the great Campbelltoon maut wi its speirit o prood independence, Springbank.

I still wale ma Neuerday bottle wi thocht an care in the hope o getting it richt for the year tae come, and I am mair than gled that I can afford tae buy aw thir guid mauts. It wisnae ayeways sae, an back when I stairtit feelin that I shuid hae ma ain bottle for gaun furst fuitin – roun aboot seiventeen or eichteen year auld I wad jalouse – aw I cuid afford wis the chaipest alcoholic drinks available. Ae year, the ane I fund that fulfilled aw ma late teenage criteria – aff dry or sweet, chaip and alcoholic - wis a French vermouth cried Noilly Prat. I can still see the open ee'd astonishment an the dumbfoonert luik on the faces o ma aunties an uncles when they saw whit I wis offerin thaim fae ma Neuerday bottle baith at the Hogmanay Pairty in oor hoose or in their hooses aw ower Gawston when I did the roons o the extendit faimily efter breakfast on New Year's Day.

Noo the Kays were legion in Gawston, sae in the heyday, I probably furst fuited up tae ten hooses on the ae day – fae Gran Kay tae Uncle Albert, an fae auld neebours like Annie Murray tae Uncle Shug an Aunt Helen. I mention Aunt Helen because she wis a character that lued tae daff an dance, an lauch and enjoy hersel when she could, which wis onywhaur awa fae her wark in the Store Butcher. She also had a guid Scots tongue in her heid, and a gleg wit aboot her. Sae when I offered Helen a drink oot o ma unco luikin bottle wi its fremmit luikin label, Helen luikit quizzical an spiered wi a sceptical froun on her face, "Whit the hell is this?" When I replied, "It's Noilly Prat, Aunt Helen," an haundit her the bottle, she tuik wan luik at it an said, "Noilly Preuch, mair like it," haundit me back ma bottle, and stuck tae her ain tipple! Preuch is a great Scots word that means ocht gotten for dodgy gain or pauchled in a sleekit, underhaund or illegal wey! I'm no shuir ma Noilly Prat quite deserved that description, but ilka time sinsyne that I see it on a booze shop shelf, I aye think o Aunt Helen and her puit doun o ma Noilly Preuch!

The Grozet Fair

I kent we were different as a faimily, when it cam tae the Fair holidays. While the rest o ma cless at schuil were awa tae exotic places, faur awa airts in England like Blackpool, Morecambe an Yarmooth or even the Isle o Man, we aye gaed tae Bowhill in Fife tae stey wi ma gran Carruthers! Noo there's deprivation for ye! Actually, we werenae as puir as some bodies that never gaed onywhaur ava as a faimily. When fowk spiered at thaim anent their plans for the Fair, they aye threapit that "they werenae gaun onywhaur in parteiclar, jist a day here and there," syne endit wi the mantra o siccan bodies, "Ye get yer ain bed at nicht." Fowk noddit their heids sagely back at this last statement, as if it contained an eternal truth! A day here an there back then meant a jaunt tae Ayr or a day's shoppin in Kilmaurnock or a mystery tour on a bus – whaur the mystery element wis cassin doon the meenit the bus left the toon cos fowk kent by the road it wis takin that it wis airtit tae Largs, or Culzean Castle, or Troon or Glen Trool or Loch Doon – aw the scenic places ye cuid get tae in a day trip fae Gawston. Ae thing o note tho wis oor name for the Fair in oor airt – the aulder bodies cried the Killie Fair holidays the Grozet Fair, grozet bein the Scots word for the English gooseberry, presumably because the Fair wis held at the time that the plump green grozet fruit wis in season in early August.

Noo we never had a caur growin up as ma faither never learnit tae drive, sae the anely time ma mither saw her ain mither wis in the twa weeks ilka summer we migrated through tae west Fife. The journey wis epic in its scale – luikin back it wisnae as dangerous as the anes undertaen bi Mungo Park in Nigeria, Aguirre Wrath o God in Peru, or Pizarro contemplatin the Pacific... but tae a five year auld wean that wis never oot o Gawston, it wis a gey lang wey awa fae the douce green hills o the Valley tae the Pit Bings o Bowhill, Dundonald an Cardenden. Wi ma faither cairryin the ae leather suitcase we possessed, an mither takin tent o the three weans, we set aff on a byordnar stravaig the lenth an braidth o Lawlan Scotland: a bus fae Gawston tae Killie, then a bus fae Killie tae Glesga, then a bus fae Glesga tae Dunfermline, syne a bus fae Dunfermline tae Kirkcaldy, syne the fifth an last bus fae Kirkcaldy tae Bowhill. It wis hame tae ma mammy, it wis alien territory tae ma daddy, it wis getting spyled uissless for oor Janette fae ma aunt Margaret and oor Mary fae ma Gran, while I bided strictly neutral. I probably had mair o ma faither's Ayrshire bias an guid conceit o whaur he came fae, but then again I wis a definite mammy's boay an kent I had tae keep in wi ma mammy in her Fife cauf kintrae, even though it meant comin intae close contack wi her mither Mary Carruthers whase faimily name wis Donaldson fae Dundonald.

Ma Fife Granmither wis dour an din, ma Ayrshire Granmither wis douce an couthie. Jenny McMurray Kay had faur too monie weans an grandweans tae hae favourites, sae she gied her love tae thaim aw ilka time she saw thaim. Mary Carruthers jist had twa bairns, ma mum and ma uncle Tommy, an she cuid be gey selective in wha she waled as her favourites. Fifers were by faur her favourite fowk, sae ma Cardenden cuisins Tommy, James and Edna were the chosen few, a kinna Fife elect that wis eikit tae by ma eldest sister Oor Mary, wha wis named efter her. Oor Janette and me were never ma Gran's favourites. She tholed us. Janette had a slight advantage ower me because she whiles spent mair time in Fife durin the lang simmer hoalidays, bidin wi Aunt Margaret and Uncle Tommy, sae that gied her pro-Fife brownie points in the een o ma Gran, but I had nae sic savin graces ava! I wis a Gawston Kay, ma faither's boay, born in Kyle, and Ayrshire through an through.

I later discovered that ahint aw this wi Gran Carruthers wis the feelin that ma faither had stolen her dochter's hert awa fae a boay that wad hae been a much better catch – the son o a local garage owner I heard tell, sae she'd hae mairrit intae a soond middle cless faimily raither than steyin yokit tae the constant chave o workin cless life wi ma faither. Nae wonder then, that the relationship atween Guidmither and Guidson wis whiles no unco guid! I inherited this as weel. I haenae ony memories at aw o ma Gran Carruthers showin ony sign o douceness or love tae me at aw in aw the years I kent her. The memories I dae hae o her wis when I wis a precocious teenager an kidded her on wi whit wis gaun on in the warld o pop music, picturs, an gaun oot wi local lassies. Her favourite expressions regairdin me were "A jeely piece wad suit ye better," or "Ye're faur too auld for yer years!" An she wis probably richt eneuch!

When I wis wee I spent the time playin fitba in the park, snooker in the Miner's Welfare, an street gemmes in the schemes in Bowhill, aften wi ma cuisin James or a wee pal cried Bronek Dubasz, ane o monie faimilies fae the Polish airmy that steyed on in Fife efter the war. I also made a pilgrimage tae the grave o John Thomson, the Bowhill boay that played wi Celtic an wis tragically killed in an accident when playin against Rangers in 1931. I aye felt richt sorry for John and for puir Sam English whase life was made a misery for the rest o his days because o an incident that lasted saiconts. I cuid still tak ye straicht tae John's heidstane aside the wa in Bowhill cemetary, as it wis gey impressive tae a wee fitba daft boay. The stories o Celtic fans makin a pilgrimage tae his graveside years later tae, struck the hert as weel.

Luikin back at that airt an that time, it micht be hard for onybody a lot younger than me tae appreciate hou thrang an steirin an self suffeicient wee touns like Bowhill were in the 1950s an 1960s. Wark wis plentifu in the local pits, sae that meant the toon wis jumpin, especially at the weekenns when the Goth an the Rex Picture Hooses skailed an the streets wis fu o fowk, the cafes thrang, the fish an chip shops wi queues o fowk waitin for their fish suppers rowed in newspaper. The pubs were thrang as weel – an there wis at least ane back then stull run as Goths – wi profits fae the bevvy gaun back intae projecks for the community. The Goths were named efter a projeck in Gothenburg in Sweden whaur the community taen ower the rinnin o the pubs sae that the toun's fowk wad benefit. In Scotland it took ruit in a wheen minin communities in the Lothians an Fife. In Bowhill ae pub wis cried the Reid Goth an even the picture

Hoose wis The Goth, sae I jalouse it maun hae been run unner seimilar circumstances.

The communities had strang cultural things gaun on tae, wi thrivin pipe baunds, brass baunds and a famous Burns Club – the Bowhill People's Burns Club, that drew speakers like Hugh MacDiarmid, the faither o the Scots leiterary renaissance earlier in the 20th century. I later heard tell that MacDiarmid had an auld communist frien in the toun cried Murdoch wha he veisited for the crack and the intellectual interchynge he got there. As wi ma hame toun o Gawston back in Kyle, aw kinds o fowk steyed there an shattered the image o a minin community bein an airt that wis nairrae an leimited. In fack there wis interchynge atween Fife an Ayrshire because a wheen o Ayrshire miners cam through tae wark in the muckle pits o baith West and East Fife. Ane o the faimilies that kennt baith airts wis the Corries, wi the boay Joe Corrie scrievin a famous play cried In Time o Strife for his troupe, the Bowhill Players. It wis set in Bowhill durin the miner's strikes o the 1920s an toured Scotland at the time. Joe Corrie's faimily, like ma ain mither's, had moved atween Mauchline in Ayrshire an Bowhill in Fife, wi Joe gaein back tae bide in Mauchline later on. His poetry in Scots is gey pouerfu as weel, wi ane especially cried *The Image o God* conveyin the life tholed unnergrun perfectly:

Crawlin about like a snail in the mud,
Covered wi clammy blae,
ME, made after the image o' God -
Jings! but it's laughable, tae.

THE GROZET FAIR

Howkin awa neath a mountain o' stane,
Gaspin for want o air,
The sweat makin streams doon my bare back-bane
And my knees aw hauckit and sair.

Strainin and cursin the hale shift through,
Half-starved, half-blin, half-mad;
And the gaffer he says, 'Less dirt in that coal
Or ye go up the pit, my lad!'

So I gie my life to the Nimmo squad
For eicht and fower a day;
Me! made after the image o' God -
Jings! but it's laughable, tae.

Ma mither's brither, uncle Tommy Carruthers, wis a tall, braid-shoodered an fine-luikin chield wha wad hae kennt Joe Corrie and shared his experience doon the pit in Bowhill, an in the strang socialist an communist circles he moved in lang syne. Ma uncle actually stood as a Communist cooncillor in the local elections an wis gey vauntie that he wis personally denoonced as ungodly by the priest in the local Catholic kirk! Ae memory I hae as a wean wis bein taen tae Bowhill Pit an shown the miracle o the pit baths wi their monie showers in a raw – showers at that time no haein yet penetratit intae the cooncil hooses awbody we kent steyed in. By the late 50s or early 60s Uncle Tommy wis oot the pit an drove a breid van for Witherspoon the bakers. Ae result o that wis the arrival o fresh rolls ilka mornin durin oor holidays. Thae rolls spreid thickly wi store butter an washed doon wi strang black tea diluted wi creamy milk are still in ma heid as ane o the aw time best brekfasts in the haill wide warld!

Tommy wis also intae boxin an wis ane o the leadin lichts ahint the Bowhill Boxin Club, trainin boays an transportin thaim in the back o the breid van wi the shelves taen oot tae shows aw ower central Scotland. He wis that weel kent at Queensferry afore the biggin o the Forth Road Brig in 1963 that the ferry crew yuised tae lae let him jump the queue sae that his boays wad get tae places like Bonnyrigg an Wallyford in time for their matches. Ae hazard they aw had tae thole, though, wis the boxers arrivin smoored wi flooer fae the breid-van, an haein tae shak it aff when they sprachled oot the back o the van!

Boays he trained includit Andy Peace wha wis weel kent in boxin circles and went on tae win a bronze medal for Scotland in the Commonwealth Games. Ma cuisin young Tommy Carruthers wis a guid boxer as weel, winnin regional championships in his wecht an age group when he wis aboot fifteen year auld. Ane o the langest three meenits in ma entire life cam when I wis made an offer I wad hae liked tae, but couldnae refuse, when I wis invitit tae go a roond wi ma cuisin in the ring at at the club. Noo this wisnae a fair fecht. I did develop bigger shoothers an a better physique a year or sae later, when I had a simmer job wi a contractin firm fae Derval biggin fairm roads, but when I focht Tommy I wis still a shuilpit wee nyaff gaun against a trained boxer, that wis wechtier, faster, aulder and wicer in ring craft than the peely wallie aesthete fae Gawston!

Houanever I wis a daicent dancer and sae managed tae

jouk, jig an dive roon the ring wioot skaith for the furst meenit, until disaster struck. Tommy missed wi a punch an lost his balance an I literally gied him a backhaunder wi ma gloved haund – WALLOP – the blow claucht Tommy a skelp on the side o the neb that proceeded tae gush, teemin wi bluid! I'm gey shuir ma punch – mair o a camp back-haundit slap, actually - wis totally illegal unner Queensberry rules, sae I wis hopin tae be instantly disqualified an the fecht stopped. But naw, Bowhill rules applied an Tommy gaed radge tryin tae get revenge for the neist twa meenits that seemed like an eternity tae this potential victim. Astonishingly, the joukin an divin an a lot o unsolicited close cuddlin warked an I survived wi no ane mark on ma hyper exposed pus! Wha says cheats never win!

Noo, although I felt deprived as a wean because ma faimily never went tae thae exotic holiday resorts in England, when I reached ma teenage years I realised the benefits o bein the anely bit o fremmit talent fae oot the toon when it came tae the local lassies. Winchin lassies took ower fae snooker an fitba as by faur ma favourite pastime. While ma Gran Carruthers threaped that I "wis nae ile paintin", the Bowhill lassies decidit I wis passable eneuch tae gae a daunder in the kintrae wi me fae the age o 13 or 14 onwards, and a quote fae the ither boay born in Kyle gies an idea o the pleisures enjoyed in thir lang stravaigs tae the Craigs or roun the Den and oot by Shaw's Mill on braw simmer's efternuins or gloamin eenins:

Green grow the rashes, O;
Green grow the rashes O;

> The sweetest hours that e'er I spend,
> Are spent amang the lasses, O.

The last simmer holidays I spent wi ma faimily in Bowhill wis in 1968 when I wis 16 year auld. The year afore, me and a pal fae Derval, Davie Taylor, had hitch-hiked tae France an Germany, steyin wi ma pen-pal's faimily the Jouennes in Rouen, in youth hostels in Abbeville an Paris, syne in hostels aside the Rhine fae the vineyairds o Rüdesheim tae the bonnie wee touns like Boppard aside the michty Rever Rhine in its bonniest streitch, whaur the Lorelei skirled lang syne. Earlier that simmer o 1968 tae, I had gaen on the Scottish Schuils trip tae Roushia for thaim that were studyin the leid, as I wis daein in ma fifth year at Killie Academy. Sae when I reached Bowhill efter ma ship fae Leningrad tae Leith docked, I wis definitely mair traivelled than maist teenage boays o ma age. Maybe I wis fulfillin ma Gran Carruthers' determination that I wis "ower auld for ma years."

Onywey, ane o the big nichts oot available in that airt at that time o '67 an '68 wis the Friday nicht dancin at Lochore Miner's Welfare. As a stranger there, even yin that wis "nae ile paintin", I wis awaur that I wisnae welcome at aw amang hauf the fowk at the jiggin – the boays. A lot o thir laddies wis young miners at the time, because the age range wis atween, say, 16 an 25. Sae the last thing I wantit wis tae get ma pus punched by strang, fit, an gey jealous laddies wha like me were efter the brawest lassies in the haw. As a Libran whase birth sign is the weighbauk, I wis gey awaur o the balancin act required tae avoid gettin yer pus punched but at the same time gettin aff wi a lassie lang eneuch tae hae a passionate snog wi her in the shaidies ootside.

Tae ma een, the bonniest lassie there the nicht I mind maist, wis Mary fae Ballingry, slim an trig in a ticht dress, bricht hazel een, meikle lips, film-staur wavy, licht broon hair abuin her shoothers, and a lowin smile that wad hae cried oot tae mariners on the Forth tae land in Fife. Gin Lochore had its Lorelei, an why shuid it no, then Mary wis it on that saft simmer's nicht in the faur-aff youngness o ma life. Mary wis also special in that she came fae a Scots-Irish faimily whaur her mither had special pouers that some wad cry the saicont sicht, ithers wad cry her a spey wife, an lang lang syne she micht hae been persecuted as a witch. Mary simply telt me her mither wis fey an a spiritualist medium an therefore a wee bit different, tae prepare me for meetin her when I gaed tae her hoose a puckle days later.

I got on great wi the wumman an wis fascinated tae hear her stories. She traisted me as weel as a bodie she cuid talk tae. Ae thing that wis deavin her at the time, wis a lourd feelin she had that there wis gaun tae be a minin disaster in Fife that wad tak place unner the Firth o Forth. Her ain man wis a miner wha wrocht in the Frances Colliery, ane o three pits in Fife that had some o their seams for howkin, rinnin oot unnergrun aneath the muckle expanse o the Firth o Forth… sae ye can imagine the wecht o the burden she had tae cairry waitin for it tae happen. There's an auld Scots sayin "we aw maun dree oor weird" but imagine hoo hard it maun hae been kennin ye were aboot tae dree whit weel cuid be a haimmer blow tae the weel-bein o yer faimily. She wis a warldly wice an serious bodie wi abeilities that somehoo got the attention o Professor William Barclay, the kirk divine wha at that time gied regular talks anent releigion an faith and awthin speiritual on televeision. Monie years on fae ma veisit tae Ballingry I wis spiered gin I cuid introduce a video wi some o the guid professor's programmes on it.

Onywey, back in Bowhill at the time, baith ma mither an granmither were gey supersteitious when it cam tae siccan uncanny ongauns, an were feart for me when I telt thaim aboot her. They even tried tae stop me gaun back, but ma mair enlichtened an open-mindit faither thocht it wad dae me guid tae meet sic a different kinna bodie an encouraged me tae gae. Sae gae I did, and it turned oot tae be a byordnar nicht that left me wi a fey and eldritch memory that I'll mind on aw ma days.

When I arrived at the hoose in the early e'enin, Mary's mum askit me if I wad mind giein her somethin that belanged tae me, sae she cuid "read" it for me and tell me whit she saw. I gied her ma wristwatch, syne Mary and I heidit oot intae the kintraeside tae find an oot the wey bield amang the trees, a lover's trystin spot whaur we tint oorsels awthegither in the lowin het embrace an passionate discovery o young yins eident tae celebrate their sexuality, but kennin it can only gae sae faur... but faur eneuch tae be seared in the memory for years sinsyne. Burns again got the utter joy o siccan nichts richt in his sang Corn Rigs:

> It was upon a Lammas night,
> When corn rigs are bonnie,
> Beneath the moon's unclouded light,
> I held awa to Annie;
> The time flew by, wi' tentless heed,

Till, 'tween the late and early,
Wi' sma' persuasion she agreed
To see me thro' the barley.

Corn rigs, an' barley rigs,
An' corn rigs are bonnie:
I'll ne'er forget that happy night,
Amang the rigs wi' Annie.

The sky was blue, the wind was still,
The moon was shining clearly;
I set her down, wi' right good will,
Amang the rigs o' barley:
I ken't her heart was a' my ain;
I lov'd her most sincerely;
I kiss'd her owre and owre again,
Amang the rigs o' barley.

Efter oor tryst oot in the warm grey o the gloamin, Mary and I walked back hame doon the brae tae her cooncil hoose in the scheme in Ballingry. There her mither took ma watch in her hauns an stairtit tae tell us whit she got fae it. While she wis daein that it felt that she wis awmaist in a dwam, that deep in the zone she wis. Maybe jist as weel, cause it meant she wisnae awaur o the glisks "secret, sweet an precious" atween me and her dochter that wis shared when she birled ma watch gently in her hauns an proclaimed, "Ye'll aye be a bodie that's adventurous, Billy, ye'll aye want tae explore." When she said that, Mary lookit straicht at me wi thae big, bricht een o hers an said, "Oh, yes, mummy, that is sae true, Billy just loves tae explore!" She said that doucely an langurously wi a kennin subtle smile an a slight openin o her wat glistenin lips at the end o it. I jist aboot fell aff ma chair with the electric erotic shock o whit had jist happened atween us, then glisked at her mum tae see if she had taen ony notice o whit her lassie had said, but naw, she wis in anither zone awthegither that wis gey removed fae the erogenous zone Mary an me still inhabited efter the tryst.

That exchynge apairt, there wisnae ocht else o real note in her revelations and speirins – she said a wheen thing aboot me that were true and tae the pynt, but cuid hae been sae for monie, monie fowk that I kent. She also dwalt on somethin that seemed important tae her at the meenit, but that didnae resonate muckle wi me an ma ain experience at that parteiclar time. Feelin the watch, she said "Wha dae ye ken that haes just the ae leg, an gaes aboot on crutches?" I telt her I had a pal at schuil in Kyle whaise faither wis like that because o an accident at wark, but that I hadnae seen the man for maybe a year or sae. Mary's mither reponed, "Naw this is stranger than that, this is somebody ye've either met in the last twa or three days or ye're gaun tae meet in the neist day or twa." I smiled politely, but tae me she'd got it wrang, therefore I wisnae really convinced by whit she wis sayin, an maybe a bittie sceptical aboot her gifts. I caw thaim gifts, but the impression the wumman gied me at the time wis that she weished she didnae possess thir special veisions that she tuned intil, as they were whiles a lourd and dowie responsibeility. Onywey, efter a few mair kisses an cuddles fae Mary in the lobby they bade me fareweel, as I wis gaun hame tae Gawston wi ma faimily that weekend. I hoped I wad see this braw lassie again, but we were baith awaur o the deiffculty o keepin in touch in thae days when maist workin-cless fowk didnae even hae a telephone in their hoose.

Tae get back tae ma Gran's hoose in Bowhill I needit tae tak twas buses – ane fae Ballingry tae Lochgelly an ane fae Lochgelly tae Bowhill. The furst bus drapped me aff richt eneuch in Lochgelly, but when I turned the corner I wis surprised tae see that there wis naebody there at the bus stop waitin on the last bus tae Bowhill.

I decidit tae bide a wee, tae see if the bus wis jist rinnin late, but in ma heid I wis preparin mysel for a three mile walk in the daurk. Jist then, there appeared roon the corner a veision o a wan-leggit, braid-shoodered man wi the strang luikin upper body o an ex miner, an movin gleg by yaisin oxterstaffs tae walk wi. Takin control he said, "Come on wi me, son, we've missed the last bus hame but I'll get us a lift wi thir," – heizin up ane o his oxterstaffs. Within saiconts, a caur had breenged roon the same corner, an the mannie waved at the driver an stuck oot ane o his crutches. The caur stopped an efter ten or sae uneventfu meenits I wis drapped aff ootside the wa o Bowhill Ceimetry, an a short dauner ower the hull fae ma Gran's hoose in Craigside Road. Tae say that I wis in a state o dumfoonert shock wad be an unnerstatement.

The neist day, I telt ma ain faimily whit had happened wi Mary's mither, her readin ma watch, an the awmaist incredible story o the man wi the ae leg gettin me a lift hame. I also telt thaim about the burden the wumman wis cairryin anent her feelin that there wad be a deidly accident in a Fife pit unner the Forth that verra simmer, wi her ain man workin in ane o thaim. I wad hae been in Bowhill aboot the end o July or the beginnin o August that year. A few weeks later, on Setterday September 9th, 1967, ma faither cam through tae find me listenin tae pop music on the wireless in the kitchen, an said wi a dowie luik on his face. "That's it happened, son." "Whit's happened?" said I. "The accident the wumman in Ballingry telt ye aboot," said ma dad. "There's been a sair minin disaster at the Michael Colliery in East Wemyss by the Forth. A fire broke oot unnergund an there's nine men reported deid."

A Kay faimily jaunt tae Lendalfuit c 1951. Gran an Granpa Kay are at the front wi Aunt Mary on the left an Uncle Wullie on the richt. The ither brithers, fae left tae richt, stertin on the back raw are Alex (ma faither) Hugh, Albert, George, Jim, Tom, John, Joe an Matt.

Oor Mary, oor Janette, oor Billy an Beauty, the neebour's dug at the back door o Loudoun Avenue c 1954

A McMurray/Kay gaitherin for a gowden waddin anniversary in Gawston Community Centre, December, 1959. Gaun doon the stair fae left tae richt fae the tap: Uncle Tom & ma faither, George, Wullie, Matt, Hugh, Jim, John, John McMurray, Great Uncle Matha Kay, Gran Kay, Peggy Kay, Aunt Mary, Isabella McMurray. It wis Matha wha telt me the story o Inrush at Nummer Fower.

Ma haill cless at the Nursery Schuil c 1955. I'm third fae the richt on the back raw.

On ma wey tae see the Lorelei on a Rhine steamer, July 18, 1967.

Davie Taylor an Billy, Montreuil sur Mer, France, July 4, 1967.

Stanemasons an workers at the biggin o the Higher Grade Schuil in 1908. Ma great grandfaither William Kay, Maister Mason, is sittin on the richt aside the wee boay.

"O aw the airts the wind can blaw..." Ma faither singin a Burns sang wi his brithers at a faimily waddin in the 1950s. Ma mither in a rapt dwam aside him. John McSkimming, uncle Matt, uncle Hugh an great uncle Matha are there as weel.

Ma Great Aunt Rosie, Uncle Geordie "Ten" Clark an twa o their dochters Jean & Etta wha gaed tae Janesville, Wisconsin. Ma dad, Alex Kay is on the left at the back.

Provost John Murray an his sister Annie Murray, twa o the kindest fowk I ever kent.

Ma faither in the Meilitary Polis wi his dug Mary c 1944. He is on the richt.

Gawston Burgh Baund. Alex Kay is tae the richt o the muckle drum wi his baritone instrument, an his brither Tom is in the raw ahint him.

Ma guid luikin faither an ma braw mither at their waddin in Bowhill on Hogmanay 1943.

Mum an twa o her weans – oor Janette, and me as a totie wee babbie in the front gairden o Loudoun Avenue. 1952

The faimily c 1955

Gawston Gala Day c 1953 in Ayr. Mum at the back, me at the front alang wi Mary, Janette, Jem McSkimming, an Charlotte McSkimming.

Me on the richt, wi neebours fae Loudoun Avenue, Davie Muirheid an Tam Ross c 1954.

Boays ready for a gemme in the playgrund o the Glebe Road primary schuil c 1961. Back Raw: John Scollick & James Kerr. Front Raw. John Jamieson, Tam Murray an Billy Kay.

As a student in Buccleugh Street, Edinburgh 1974.

The Gloamin Grey

"Gie me the hour o gloamin grey,
It maks my hert sae cheary O
Tae meet thee on the lea-rig,
My ain kind Dearie O."

The ither lad that wis born in Kyle shawin why he's the warld's maist beluvit poet in ane o his brawest luve sangs, The Lea Rig... aboot a lad meetin his lass at the end o a warkin day in the douce Ayrshire kintraeside. The lea rig wis a neuk at the enn o the field that wis left untouched by the pleugh, sae it wad provide a braw bit o gress and a bield for the winchin couple tae dally lang thegither.

There wis a lot o dallyin gaed on in the douce Kyle kintraeside lang syne, for there wis naeplace else tae go for daein serious winchin – the cooncil hooses we aw steyed in were thrang wi mithers an faithers an nebby brithers an sisters wha aw keepit a gleg ee on ye, sae when the wather wis braw, the kintrae wis hoatchin wi boays an lassies kissin an clappin an giein wan anither love bites an tryin tae stey on the richt side o radge! For the teenage boays, love bites were a macho badge o honour, for the lassies they were concealed wi scarves an hidden fae the faimily. Luikin back, it wis a gey sexist society, but naebody questioned it.

The airts the couples gaed for their trysts in the lang simmer nichts or the gloamin grey o the hairst an lammas time were weel kent an popular, sae whiles ye had tae go early tae get yersel a suitable spot: the wee wuids ower the Irvine watter toward Loudoun Kirk... the Baur Wuid ayont the Coonty Scheme... oot past Burnhoose an doon aside the Burnawn, even up on the Munts oot on the Ayr Road – the wee wuids up thoner gied ye a bield an a braw view back doon intae Gawston. Maist o the walks were on weel trodden paths in the kintraeside but even the anes that were reached by stravaigin alang the taured roads were fine, cause haurdly onybody had a caur at that time, sae even the main roads were tuim an quiet gin ye had tae gae alang thaim for a bittie.

Gaein for a dauner or gaun for a lang stravaig wis a common eneuch pastime for awbody in the 1950s, no jist the coortin couples. Ma faither lued the kintrae an wad gar us jyne him an Annie on walks that seemed tae tak oors on Sunday efternuins. The stey brae up the Sorn road wis ae bit I mind o as a wee boay, thinkin that this wis faimily torture at its waur. Houever, there wis a skeely inducement that drave the weans on alang thae wee roads oot bi Milrig an Sornhull - the kennin that at the end o it when we were het, puggled and fair forfochen, we wad be taen tae Peter Poli's caller café at the fuit o Wallace Street an treatit tae a McCallum – that wondrous Scots-Italian delicacy o fresh ice cream wrocht wi creamy milk fae the Ayrshire kye we'd passed ootbye in the fields on oor walk, tapped wi a rich reid raspberry sauce that wis sweet an unco unctuous in the mooth. There wis nocht better in the warld for revivin a wabbit wean.

There were ither kintrae pursuits ye wad whiles come across ootside the toon. Wan o thaim wis the Pitch an Toss School... why a coorse gamblin gemme wis ennobled wi the name o a Schuil, I hivnae a clue, an why it wisnae pronoonced Schuil like ilkae ither schuil in the area, I haenae a scoobie aboot that either. Onywey, in maist former minin communities – for it wis the same throughbye in Bowhill in Fife – there wis a designated area or parteiclar airts whaur the illegal gamblin pastime o Pitch an Toss taen place, an when ye cam across it, it cuid hae atween twinty an forty men an boays takin pairt in it, wi muckle excitement generated an muckle siller won or tint. Fae whit I glisked, it wis played in a circle, whaur awbody threw their coins at a marker like a stane, an the bodie whase coin wis closest tae the marker won, an liftit awbody else's coins. But ye heard stories aboot the toon, o fowk lossin their pey at the pitch an toss sae there must hae been heavy bettin as weel on the fowk tossin the coins.

Pitch an Toss gemmes were illegal, but so wis gamblin on the horses in the 1950s, sae ye had men workin as bookie's runners – the boay that wad tak the money an the bet an haund it ower tae a bookie. We had a fella across the road fae us that did this, Mr McCafferty, an I'm shuir he wis as much a respectable member o the community as a miner or a mill worker. Ma faither certainly yaised him a lot, an whiles wad send me ower the road wi a bookie's line wi the names o the cuddies he had walit an the siller tae cover the bet! He also took us a few times tae Ayr Races, an that wis a gey byordnar sicht for Gawston weans, wi its bonnie horses, weel turned oot ladies and gentlemen, an lairger than life bookies wi wads o pound notes in their haunds, cryin oot the odds. We were gien siller tae put on wee bets oorsels, sae we cuid jyne in the passion o the thrang when the muckle sleekit-backit horses gaed gallopin, gallopin, an the wee jockeys in their braw silken sarks wi monie colours gaed wallopin, wallopin past us at the fence. It aw seemed tae be bye in a flash, but it wis excitin jist the same.

Mair hamely an doon tae earth than the horse racin at Ayr or Bogside near Irvine wis the Dug Racin in Gawston. I think ma faither luikit doon on the dugs a bit, probably because he had been a Military Policeman at the tail end o the War, and haundled Alsatians as they were cried then, German Shepherds nooadays. We hae photies o him wi his favourite dug Mary, an ane shaws her lowpin through a hoop as he staunds tae attention aside the contraption. Dad kent hoo muckle care an attention dugs needit, an he wad hae been laith tae try oot the wheen o tricks the dug men yaised tae "stop" dugs on the local gaffe tracks whase rules were a million miles awa fae the ticht regulations o the GRA – the Greyhound Racing Association, that controled the offeicial tracks like Shawfield in Glesga or Pootherha in Embro.

The gaffe tracks or flapper tracks in airts like Gawston were a law unto thaimsels. I aince spiered at an auld miner gin the greyhounds he kept were pets, an he reponed, "Aye, son they're pets if they win, pet food if they lose!" The hail culture o the dugs wis based on deceit... on diddlin the bookies an the public that yer dug wis a dud that had nae chance o winnin by "stoppin" it or makin it slow doon eneuch sae that it lost several races in a raw. That meant ye got big odds on it fae the bookies, sae when the richt time came, ye put big money on it an let it romp hame afore a dumfoonert crowd that ye'd convinced it wis a dud. The weys tae stop the dugs were the stuff o workin cless legend; a wee bit o vaseline on its ee meant its sicht wis impaired chasin the hare, a plastic band roon its testicles, stervin it then gien it a big feed afore the race were just a few. Anither trick wis tae yaise a "ringer" – race a duff dug that wis an impostor, but luikit awfie like a fast dug, syne bring in the fast dug for the last big race weeks later when it showed its class an won the siller.

Anither tradeition amang the miners wis whippet racin, but I hae nae mind o seein that in the fields o Kyle in ma time growin up there. Through in Fife though I've come across it. An auld miner cried Lumsden wha wis built like a brick hoose – braid shouders, bawrel kist an short shanks – aince shawed me the art o slippin a whippet. Unlike the greyhounds that were puit in traps or stalls that were opened an the dugs released aw thegither, the wee whippets were held in the haunds o their owners, an when the sterter said 'Go!', the boays slipped thaim, throwin them gently sae they landit on their feet wi a guid stride tae speed aff an be furst tae reach the lure in the hauns o anither kent bodie at the end o the race, that gaed fae wan end o the park tae anither. Gamblin gaed on there tae, but I got the impression that the whippets were mainly kept for pets, whauras the greyhounds were there tae mak money for their maisters.

Anither gamblin related faimily acteivity we regularly took pairt in had nocht tae dae wi kintrae pursuits and that wis the weekly fullin in o the fitba coupon. Fae memory me an ma faither did maist o the fullin in, baith o us kiddin on that we had ony idea o whether East Fife v Dumbarton, Alloa v Stenhousemuir, or even Motherwell v Raith Rovers wad feinish as a hame win, an awa win or a draw. Nae maitter hou remote the thocht o makin oor fortune wis, the Coupon wis fulled in an posted tae Littlewoods faithfully ilka week durin the fitba season. If the walin o the teams an their fates wis a mainly male affair, the lassies jyned in on the Setterday efternuin whan the results were read oot on the wireless in the leivin room. I ken this cos ma big sister scrievit aboot it in the Gawston schuil magazine, the Burnawn Gem. There she minded on us aw gaithert tae hear the results an support ma faither while he checked his coupon. She minded him getting close tae winnin a puckle times, but that it aye feinished in disappointment. The gleg excitement biggit up tae the meenit faither exclaimed, "Bluidy Hibs... Herts... Ayr United... the Honest Men... Clyde, the Bully Wee, Arbroath, the Reid Lichties, Queen o the Sooth, the Doonhamers," had let him doon aince again!

Anither thing we whiles did as weel wis the Spot the Ball competeition in the newspaper. There, ye had a photie fae a gemme o fitba, usually taen at a moment o heich tension in a croodit penalty box... whaur the baw wis taen oot the pictur... an you had tae wale the exack spot whaur the baw maun hae been an mark it wi a cross X. Thinkin back tae thae days lang afore digitalisation, it must hae been a bit o a scam, wi hunners o punters pittin their cross X at the exack same bit, an some random boay in the same bit o the photie bein giein the cash prize! We never got hee-haw fae Spot the

Baw or the Coupons. Ma dad did hae the occasional guid day at the cuddies wi his regular bets on the horses, an I mind him giein us extra siller for oor pooches on ane or twa joyous occasions! But like maist workin cless faimilies, whit ye had, ye jist had tae mak dae wi, an sae lang as the faither wis in wark, ye got by wi nae luxuries or monie heich days an holidays tae gie ye ocht that wis byordnar or memorable. We aye had jist eneuch tae bide on the respectable side o the warkin cless experience, an the auld Scots saw "Thaim that tholes, owercomes," cuid hae been scrievit in oor herts as expressin a warld pictur we were thirled tae.

Gaun back tae the physical acteivities, gey different fae the dugs an mebbe even the horses in the cless o people that engaged in the sports were the boolin an the gowff. The dugs were mair lower workin cless while the boolin an the gowf wis respectable workin cless mellin intae the professional middle cless. The strenth o the Scots language tradeition in the Irvine Valley is shawn in the name o oor local gowf club – Loudoun Gowf Club – its bonnie terrain streitchin oot alangside the A71 road atween Gawston an Newmulls an bordered by Loudoun Castle and the wuids and braes commemorated in the sang by Robert Tannahill. Aw place else in Scotland it's scrievit Golf Club, but here it's still gien the Scots pronunciation Gowf. The anely ither offeicial yuisses o gowf I can mind o is the nickname o the fitba team in Carnoustie, whaur Carnoustie Panmure FC are kent locally as 'The Gowfers' cause o the toon's link tae the gemme, an there's a club in Fife cried Leven Thistle that haes the motto "Gouf Dings A'". A wee historical aside regairdin this, is that a wheen o gowf professionals gaed oot tae the new kintrae clubs that were openin up in the United States at the turn o the 20th century, an took their guid Scots tongue wi thaim. A result o that is the toast o "Lang May yer Lum Reik" bein weel kent at posh gowfin occasions in the States tae this day.

Neither the gowf nor the boolin wis richt posh in the Valley, but ye needit at least twa or three clubs for the gowf, as weel as the siller for peyin for a roon or buyin membership, sae puirer fowk wad be puit aff by that. The boolin wad hae been much the same, but the fack there were twa clubs in Gawston itsel shaws hoo popular it wis in the area. The ane in the laigh pairt o the toon near the Irvine wis cried the Galston – Loudoun Working Men's Bowling Club, sae maybe it wis mair o a workin cless gaitherin place than the ither ane that wis aside the tennis coorts at the tap o the toon past the auld primary schuil. As weans we had a go at the tennis as weel, but walkin past the perfectly manicured lawn o the boolin, ma ambeition wis aye tae play a gemme o fitba there on that perfect pitch.

There had been ither sports played in Gawston, but they had dee'd oot afore ma time, an were associated wi the miners. Haun Baw, whaur boys yaised the palm o their hauns tae whummle a hard leather baw against the wa o Baur Castle, syne whan it stoated back, a boay on the ither side, wad bat it back hard against the wa. The wey ma faither described it wis like a Kyle version o the Basque gemme pellotte but withoot the basket... or like racket ba or squash withoot the racquet.

Ma dad mindit o muckle croods gaitherin for big matches in the simmer or in the gloamin at hairst. He mindit as weel that teams cam fae ither airts tae challenge the Gawston boays tae be supreme champions, sae it maun hae been played elsewhaur as weel.

Quoits, pronoonced kites locally, wis the ither gemme spreid across the wee minin communities, an popular certainly tae the Saicont Warld War, that seems tae hae dee'd a daith sinsyne. In America an elsewhaur they still play a gemme whaur they throw a metal horseshoe an ettle tae get it tae land on a pole in the grund... weel, quoits seems tae hae been played alang seimilar lines wi ilka player throwin a steel quoit an trying tae land it on a metal spike set in a square o wat cley. A bit like boolin, or curlin even, pynts were gien tae the fowk whase quoits landit nearest the spike. I hae heard tell o fowk eident tae revive it in auld minin areas like Lochgelly an Auchinleck, but the fact that international tournaments atween Scotland and Wales existed no sae lang syne tells us hoo popular it wis, an hoo it haes declined in the praisent day.

Anither muckle difference atween noo an then wis the lack o caurs in the street. Gey few fowk in Gawston had a caur, sae a lang straicht street like Loudoun Avenue wis a safe play area for weans in the 1950s. Marbles wis popular an aw, an wee boays had their ain stash for playin. We even had different names for the different kinna marbles we yaised – teakers were prized wee totie marbles, steelies were wee ball-bearins yaised as marbles, brammers were braw muckle marbles... an marbles were yer ilka day marbles o regular size. We played against the kerb o the pavement an whit we jist cried the gutter, but I've heard it cried the sheuch and the cundie elsewhaur in the kintrae. Ye restit the marble against yer last finger, syne flicked it wi yer thoomb an tried tae hit yer opponent's marble – an ye keepit his marble if ye were successfu. If caurs werenae a danger, bigger boays were, an ye had tae keep an ee oot for posses o aulder boays oot tae raid yer gemme, kick awa yer marbles syne pick thaim up an rin awa wi thaim. It wis a bit like a Viking raid on a defenceless veillage when the men were awa. They even had a war cry, which wis "Gurzies", an when that wis declaimit awthing wis permissable, spyle an reif wis expeckit an deleivered, as the coonty scheme berserkers gaed aff wi their preuch. Wee boays whiles stertit greetin, but ye learneed tae thole it, an ye had a puckle marbles derned fae the bullies, sae ye cuid keep the gemme gaun.

While the laddies played marbles, the lassies had skippin gemmes. Twa lassies wad caw the rope, while the ithers wad rin in an stairt skippin, whiles singin sangs tae the rhythm o the rope skiffin aff the road.

> Ane, twa, three Aleerie,
> fower five, six aleerie,
> seiven eicht nine aleerie
> Ten aleerie over
>
> Ane, twa, three Aleerie,
> I saw Mrs Peerie
> Sittin on her bumbaleerie,
> eatin chocolate biscuits?

At the time the skippin rhymes aften had the names o film staurs that were famous in the Pictures like Shirley

Temple or Marylin Monroe. The Hollywood variation o the latter gaed:

> Ane, twa, three Aleerie,
> I saw Wallace Peerie
> Sittin on his bumbaleerie,
> Kissin Shirley Temple

That ane wis yaised as weel for a stottin gemme wi a baw, whaur the leg wis liftit ower the baw on the fourth stot on the word aleerie, whaur the lassie made her leg aleerie – crookit – tae lift ower the bouncin baw!

Anither ane that had the rhythm required for skippin wis Katie Bairdie, an I'm shuir the lassies improvised an added verses tae keep the skippin gaun langer an langer:

> Katie Bairdie had a coo,
> Black an white aboot the mou,
> Wisnae that a dainty coo,
> Dance Katy Bairdie.

> Katie Bairdie had a gryce,
> It cuid dance upon the ice,
> Wisnae that a dainty gryce,
> Dance Katy Bairdie.

> Katie Bairdie had a hen,
> Cackle but an cackle ben,
> Wisnae that a dainty hen,
> Dance Katy Bairdie.

Katie Bairdie had a yowe,
That cuid curtsey an cuid bow,
Wisnae that a dainty yowe,
Dance Katy Bairdie.

The ither street gemme that wis mainly played by the lassies wis Beds. In ither airts it wis cried Peevers or Hopscotch, but oor lassies cried it Beds. The beds were drawn oot on the pavement wi white chalk. For the peever they wad mainly yaise an empty shoe polish tin then hop an scliff the peever fae square tae square wi their fuit. There wis also a variation whaur ye jist lowped across the bed avoidin the lines o the squares, syne turnin roon an daein the same again on the wey back. The boays whiles wad jyne in that gemme tae.

Ae acteivity that aw the weans took pairt in wis the ritual o the scatter. This took place when a bride wis leain her parents' hoose tae gae tae the kirk in a braw taxi. I think it wis the faither o the bride that gaithered bawbees an siller threepennies and shullins an hauf shullins for a few weeks afore the dochter's waddin day, syne threw aw the coins up in the air in the direction o the expectant thrang o weans. When the siller hit the grund, it wad roll in ilka airt an the boays an lassies (an whiles their mammies, but that wis frouned upon) wad dive on the grund tae get haud o a tanner or ony ither preuch on the go, in the hope o haein some money in their pooch for buyin sweeties later on. In ither pairts o Scotland I've heard it cawed a Scramble an a Poor Oot, but in Kyle it wis aye a scatter. I've still got reuch bits o skin on ma knees that shaws I tuik pairt wi vim an virr!

Anither spectacle associatit wi waddins in Gawston wis when the lassie that wis gaun tae get mairrit wis escorted through the toon wi her an her pals aw buskit braw in ootlandish brichtly coloured claes an singin sangs. The bride-tae-be also cairried a baby's pottie that wis decoratit wi ribbons and had wee dollies in it, an maybe a phallic symbol like a big currot stickin up the wey oot the po! The lassies bawled oot a sang that gaed:

Teenie Broon's gotten a man's Ba' Siller,
Teenie Broon's gotten a man's Ba' Siller,
Hi ho, kick the can, she's the wan's gotten
a man's Ba' Siller!

Naebody wis shuir whit it actually meant, but ane o the theories wis that it referred tae a dowrie or a waddin praisent lang syne, whaur the Bossela is boss siller – shiny silver. Later I discovered it in the Dictionary of the Scots Language and it wisnae Bossela but Ba' Siller and it wis the siller that a bridegroom kept aside for the scatter on his waddin day or for giein neebour weans as a wee praisent! In the procession roon the toon, at specific airts the lassies wad stop and get the bride tae rin an jump ower the pottie tae the raucous cheers o her friens. Fowk wad gie the lassies money in a collection for the bride and in some places, the bride wad get peyed for gien men a wee kiss, though that micht hae been a later addeition when weemen gaed intae pubs. In the 1950s an 60s maist Scottish pubs were still mainly aw male domains... though they were stairtin tae open lounges for weemen at the time richt eneuch.

Gaun back tae the weans and their street gemmes... there wis also a gemme cried Jacks, Kings, Queens, Aces – it wis played on the road an the boays an lassies lined up on ae pavement then wad lowp or hop or rin at speed tae the ither pavey, touch it wi their fuit then rin back. The ane back furst wis the winner. Somebody cried the gemme fae the side an wis the judge o which gaun fuit reached the pavement furst. I cannae mind exackly whit caird wis whit, but fae memory Ace wis rinnin wi yer hauns ahint yer back, an the ithers meant hoppin, skippin an jist plain rinnin. It wis popular in the playgrund as weel, but transferred easily on tae the street.

Tig wis anither popular gemme. The boay or lassie that had tae rin an catch the ither weans wis "het" (English, hot). In the '50s ye still had a few aulder weans playin wi a gird an cleik. It wis a simple toy – a muckle metal hoop wi a cleik eikit tae it. The cleik wis maybe a fuit lang metal rod wi ae bit tae haud on tae, an ae bit that wis yokit roon the gird. I wad imagine they were wrocht at the pits, an the men then brocht thaim hame tae their bairns an grandweans. Maybe afore that, they were wrocht at the local blacksmiths, but there were still a puckle tae be seen on the streets o Gawston in the early 1960s. Thinkin back, it wis guid exercise for thaim that possessed ane. It wis a bit like haein a dug, only ye took it for lang runs aboot the toon raither nor lang walks in the kintrae. Even then tho it wis regairdit as a slightly auld-farrant kinna toy, as by then oor een were dazzled by Americana on the siller screen at Gawston Pictur Hoose.

Certain gemmes were anely played at nicht in the daurk. They included risqué gemmes for aulder weans such as

Truth, Dare, Promise, but also wans whaur ye annoyed fowk in their hooses bi playin tricks on them. The simplest o thaim wis Chap Door, Ring Bell, rin like Hell! That's gey self-explanatory I think. Ye had tae be gleg, skeigh and a guid rinner though, because awbody kent awbody, sae if ye were seen daein the deed by ony o the victim's faimily, yer ain mither an faither cuid gey easily get a chap at the door the same nicht wi an an angry aulder bodie sayin, "Your Billy wis wan o a gang o boays gaun roon chappin doors an rinnin awa earlier the nicht. He wis recognised wi his curly daurk hair." The truith tae be telt is that oor Billy rarely took pairt in thir rough exploits whaur ye kent the puir sowels getting a roastin literally aw kent yer faither an whaur ye steyed. It wis jist ower muckle a risk tae tak.

Ye did though tak a risk ilka simmer, especially in September when ye sclimbed ower the wa's o the fowk wi muckle hooses an gairdens that had trees hingin wi fruit. The sicht o ripe reid aipples, luscious peirs an sonsie plooms wis gey temptin tae the treeless hordes that bidit up in the Scheme. We cried it a plunder! Ye raidit thae gairdens like a meilitary operation, but it wis mair tae full yer ain wee pooches than tae denude the gairden o aw its fruit – the fack that ye had tae sclimb back ower the wa meant that ye couldnae humph bags thrang wi fruit wi ye. Stull, this wis duin in the lang lichty nichts, sae there wis a danger ye wid get claught or hae tae rin awa wi the hoosehaulder shoutin efter yer retreatin bahookies, "Aye yese better rin, if I see ye here again, I'll get the Polis tae ye." I still mind ae tricky raid on a gairden oot Cessnock Road wey whaur we gaed in through a back yett, an had tae lie on oor bellies an crawl alang like sodjers in the Commando comics, toward the strawberry patch hauf wey atween the back wa an the hoose. It wis a lang gairden belangin tae a muckle broon saundstane hoose, but the kitchen windae wis aside the back door, an that wis mebbe jist twinty yairds awa fae whaur we weans were pauchlin their strawberries. We aye et a wheen there an then, an I can still mind the mell o the sweet an wersht taste o the juice rinnin ower ma face an doon ma thrapple. We pocketed a wheen mair an retreated back tae the yett, an awa doon the road afore onybody saw us. We had nae conscience aboot daein it, as the fowk in the big hooses were veisibly better aff than we were, an they wadnae hae been able tae heck thon fouth o berries by theirsels! Robin Hood wis alive an weel an bidin in Kyle!

The Dippers

Raws o weans sit singin in the Envangelical Kirk on Glebe Road, Gawston circa 1956.

"Running over, Running over,"

As they sing their wee airms an hauns act oot the words o the sang, birlin brawly...

"My cup's full and running over,"

The hauns form a cup, an their wee faces licht up...

"Since the Lord found me, I'm as happy as can be,"

The weans beam bonhomie an their airms an hauns come intae play again...

"My cup's full and running over."

I am five years auld an I've been taen wi ma big sisters, oor Mary an oor Janette, tae the Dippers Sunday Schuil. It's aw singin, aw action stuff whaur ilka releigious sang tells a moral story that we act oot wi matchin gestures.

"The wise man built his house upon a rock," wis anither favourite whaur we actit oot biggin a braw solid hoose on a craig wi oor airms an hauns, syne contrastit that wi the no sae wice man that biggit his hoose upon the saund, syne... "the walls came tumbling down". Cue weans daein an impressive charade o muckle waws dingin doon, aw roon aboot thaim!

The Dippers got its name fae the fack that fowk threaped that unner the stage in the wee ha, there wis a muckle pool or bath o watter that fowk cuid be immersed in tae be baptised. I never actually witnessed ocht o this masel, bein ower young, but I think it did tak place. On the ither haund, it micht be jist pairt o the folklore surroondin the Dippers, for ma sister Mary heard tell that fowk were actually baptised in the sea doon at Barrassie or Troon, or even in the Irvine watter. The Evangelical Church, as it wis cried, wis ae wee kirk that wis ootwith the mair established kirks in the toon. There wis anither totie wee Brethren Gaitherin place in Church Lane as weel, sae ither congregations existed, an maybe thir twa wis pairt o the evangelical releigious revivals that took place aw ower Scotland in the late 19th an early 20th centuries – revivals that wis parteicularly potent in ticht communities whaur the men were miners or fisherfowk.

Ma mither an faither werenae very releigious – I think they sent the weans tae the Sunday Schuil jist tae get some peace, an the hoose tae thaimsels for a few oors. I also gaed for a whilie tae the Sunday Schuil in the Pairish Kirk in the toon centre. For that, ye attended the service in the main kirk, then at a specific pynt, the weans were lead oot bi the

Sunday Schuil teacher tae gae tae their ain room elsewhaur in the kirk. The teacher wis aye a young attractive wumman in her teens or early twinties, and she wis guid at tellin us stories fae the Bible like Jonah and the Whale, sae in thae days afore televeision, it wis a cantie wey for weans tae spenn a hauf oor or sae. The moral lessons were taen in as weel – tae this day I'm still a wice man that wad aye bigg his hoose upon a rock!

Gey few fowk we kent roon aboot us in Loudoun Avenue gaed tae the kirk. I think the feelin amang the feck o fowk, richt or wrang, wis that amang the kirkie fowk were the unco guid – mainly middle cless bodies that luikit doon on their brither man an wumman for no uphaudin their values. Ae story that circulatit amang us at the time wis o the Meinister o the New Pairish kirk, wha wis generally regairdit as a guid sowel, gien a hert-felt sermon on the Sunday aboot aw the pleisures he wis gien up for Lent. Amang thaim wi his weekly fish supper fae the café doon the road – it wad be a sair chave for him, but he wad resist the temptation for the duration o Lent. That wis on the Sunday. On the follaein Tuesday he wis spotted aside the cairry oot coonter at Maggie Broons slaiverin ower the freshly fried haddie an the sonsie gowden chips, an spierin gin he cuid get jist a wee tait mair saut an vinegar an mebbe anither shak o Jamaica pepper!

Anither strang connection wi the kirk an boays growin up in Kyle wis the Life Boays an the Boays' Brigade. Later on, ma faither aye joked wi me that I steyed on in baith organisations lang eneuch for him tae hae tae buy the uniform... an then I gied up. That wis mair true o the Boays' Brigade that I fund a bit too militaristic in ma early teenage years, but fae memory I tholed at least a full year, probably twa at the Life Boays. It had a roon sailor's bunnet for a uniform, and we met on a Friday nicht in the New Pairish Kirk Ha tae dae gymnastics, mairchin, five a side fitba an ither manly pursuits. I yaised the word thole there, but that's me luikin back – at the time I wis gled tae go tae the Life Boays, as aw the ither boays were gaun there tae an we enjoyed the cameraderie. Maistly though we keenly anticipated lowsin time on the Friday nicht roon aboot eicht thirty, an enjoyed gaun up the wee brae then doon tae Peter Poli's in Wallace Street for a poke o chips lavished wi saut an vinegar for oor road hame. Again, I'm shuir the maw an paw were fair pleased tae get the hoose quaet tae their sels for an oor or twa.

Apairt fae the Friday nicht gaitherins, ye whiles had tae attend services o remembrance in the kirk, and mairch tae lea wreaths at the War Memorial. If ony flags were praisent, it wis the Union Jack. Saltires were rarely seen in this maist British period efter Warld War Twa, when a generation felt they had come thegither tae beat fascism, despite oor differences. Culturally we were aw strangly Scottish, but that wisnae shown in ony public displays I can mind o. When a flag appeared, it wis the reid, white an blue o the Union Jack an nocht else. It wis probably in the middle o the 1960s that we became mair awaur o the want o Scottish representation in oor puiblic life, an that coincided wi the stey rise o the SNP as a poeitical force, culminatin in Winnie Ewing's victory in the Hamilton by-election in 1967.

Ane o the institutions that ettled tae cement British identity wis the royal faimily, but in ma faimily baith in

Ayrshire an Fife, there wis nae feeling at aw for the Queen an the royal faimily. They were regairdit as privileged aliens that had nocht tae dae wi us or oor lives. Ma faither hadnae ony time for Queen an Kintrae stuff, an wad immediately switch aff the wireless or eventually the telly when onybody stertit spoutin beengin nonsense aboot her Gracious Majesty. If God Save the Queen appeared, it wis switched aff immediately as weel. Amang the fowk I grew up wi, there wis a strang republican sentiment that resented royalty an aw the entrapments o walth an preivilege it represented. A wheen o thaim took a grue at royalty, it made thaim physically scunnert thinkin aboot thaim. The loyalist element that existed elsewhaur in the West o Scoland wis gey weak in the twa minin areas I kent personally. Later in life, when I stertit warkin for the BBC, I produced a series o interviews wi workin cless fowk. Ane o thaim wis an auld man in his eichties that wis heid o a faimily fae the Kilmaurs an Stewarton area ower in Cunninghame. Rab Sim had been a poacher aw his days an I recordit him in his cooncil hoose in Kilmaurs efter bein gien an introduction bi ma faither, wha warked aside ane o his boays in the muckle Massey Ferguson plant in Kilmaurnock.

When I switched on ma tape recorder, the furst thing Rab insisted he wantit doon on tape wis the follaein statement: "Ah've poached every watter in Scotland, son, aye, the Queen's watter at Balmoral tae." It gied me meikle delicht tae hae thir words braidcast on the BBC tae gie a totie bit o balance tae aw the sleekit royalist sycophancy that wis usually aired. I hope when Rab dee'd, his faimily had thae words scrievit on his heidstane.

Gaun back tae Kyle in the 1950s, the ither organisation

boays cuid jyne wis the Scouts. I tried it for ae nicht, but the verra name o ane o the gemmes they played, British Bulldog, pit me aff. Sae did the physicality o the ither gemmes that I fund ower reuch for a Gawston Aesthete like masel! Houever, I did learn hoo tae tie a sheepshank knot the richt wey, an for that I'm eternally gratefu. As somebody that cam fae a lang line o haunless men, thir dowie "dae it yersel times" we're lievin in hae been gey hard for the likes o me, sae tae be able tae tie that ae knot weel has come in handy, an I wear it like a badge o pride.

The ither Gawston kirk that wis kenspeckle an byordnar in its braw grandeur wis St Sophia's. The protestants cried it the Chapel, but the Catholic faimily I kent roon the coarner fae me cried it the church. I aye fund the biggin impressive but, like maist fowk then, I had nae idea it wis a Kyle copy o the Hagia Sophia Grand Mosque in Istanbul in Turkey that had stertit its life as a Greek Orthodox kirk. Why a Byzantine kirk wis copied in Bentick Street in Gawston in 1884 isnae clear, but it wis peyed for by ane o the local potentates, John, 3rd Marquess of Bute, an a gey impressive biggin for a wee toon like Gawston it certainly is. He wis a convert tae Catholicism and a man fascinated by architecture, sae apparently he yaised his vast walth tae be patron o siccan projecks. Gin ye ever veisit Mount Stuart Hoose on the Isle o Bute, ye'll see for yersel the kinna siller he had access til. I'm jist glaid he spent some o it in Gawston!

It must hae been quite a gunk, though, for the local Presbyterians tae see sic a byordnar biggin rise up in Gawston tae serve whit they must hae regairdit back then as a puir Irish immigrant community. Ma guid frien, Annie

Murray, wis ane o the best fowk I kent aw ma life, an her faith wis important tae her, sae it maks me happy noo tae think how blythe it maun hae been for her tae practice her faith in sic a braw biggin as St Sophia's. I'm gey shuir, though, that when it furst appeared on the Gawston skyline, some o the Kyle Covenanters doon ablow wad hae been birlin in their mools!

Auld Labour

~~~~~~

Ma faither wis auld Labour... naw, ma faither wis auld, auld, Labour. I dinnae ken if he ever saw the oreiginal Pledge Caird o the Scottish Labour Pairty wi its image o Keir Hardie an Cunninghame Graham thegither on it, but he wad hae identified wi it wi his hert an soul. Amang the Ayrshire miners, Hardie wis heized up as the return o the Messiah an vieve descriptions o him addressin thoosans at open air gaitherins tuik on an awmaist biblical tone, mebbe wi ane or twa eldritch echoes o the conventicles o the Covenanters fae back in the Killin Times. In fellae Ayrshire makar Willie McIlvanney's fine novel Docherty, that's set in the early decades o the twintieth century, there's even a pouerfu scene describin the effect o Keir Hardie on a muckle thrang o miners luikin tae estaiblish their richts. If onythin, ma mither's faimily belanged even faurer left, as Bowhill in West Fife wis ane o the sae cried Little Moscows whaur a strang communist tradeition survived for nearhaun a century. For instance, her brither, ma uncle Tommy stood as a Communist Cooncillor in local elections there in the 1950s and wis denoonced by the priest in the local Catholic chapel. He wis ane o Willie Gallagher's richt haun men an did eneuch for him tae mak shuir he steyed on as the last

Communist MP in Britain until his defeat in the General Election o 1950.

As faur as ma faither bein completely at ane wi the rise o the Labour Pairty is concerned, it wis the maist natural thing in the warld at that time, as it wis a movement that gied warkin fowk a free NHS insteid o the wanchancie system afore that, whaur a miner tholin a bad accident cuid be left on the scrapheap wi nae remeid and nae compensation. I wance interviewed an auld bodie in Lochgelly whase faither's back wis broken doon the pit and he wis wheeled hame in a barra. Bidin as weel in the thrang confines o the auld-farrant miners raws that werenae that different fae the auld kintrae cottar hooses cried But an Bens, the Labour Pairty wis eident tae bigg braw new cooncil hooses for the masses wi baths an inside toilets, rooms for the weans an aften a wee gairden for thaim tae play in.

I wis born in ane o thae hooses up the scheme in Gawston at 33 Loudoun Avenue on September 24th, 1951. Ma big sisters can mind o the steir aboot the hoose that nicht an the noise o the weemen bletherin oot on the stair landin as they waited on Annie Kay deleiverin her baby boay! Memories o that hoose are guid anes, because o the love that permeated awthin that happened therein for me, Mary and Janette. There's ae totie wee black an white photie o ma mum wi her weans sitting on a blanket on the front green o the hoose luikin douce an content. Anither image I hae in ma heid fae that time is o hearin whit maun hae been the BBC Home Service on the wireless, braidcastin a music request programme for weans on a Setterday mornin. The sangs I mind o were "How Much is that Doggy in the Window" an

"The Big Rock Candy Mountain" as weel as a piece o music cried "Sailing By" that I liked. I still associate that music wi ma bairnheid in the kitchen in Loudoun Avenue, an it's probably the anely thing I can mind o that gied me ony kinna feelin o belangin tae Britain, then an noo.

I tell ye aw this by wey o preparation for an incident that happened in Gawston, monie year later during the campaignin period for the UK General Election in 1992. By that time ma dear mither had passed awa wi a hert attack back in 1984, but ma faither wis still tae the fore and bidin in the twa bedroom cooncil flat he an ma mither had moved tae when I wis at uni in the early Seiventies. The flat wis on the third flair o a biggin in New Road at the fuit o the Manse Brae. It had a veranda that luikit on tae Manse Brae – a guid place for people watchin, an seein aw the wifies comin doon fae the scheme wi tuim message bags, or stacherin back up the hull wi thrang anes efter veisitin the cooperative stores doon bye.

Onywey, I cannae mind if it wis via a letter or a phone caw, but a few weeks afore the election I wis contacted by the SNP candidate Alex Neil wha spiered gin I wad be prepared tae traivel doon tae Gawston an campaign wi him. The reason he gied for the need o some help wis gey interestin tae me as a bodie that kennt his local history through ma faither. Alex telt me that the SNP's canvassin returns telt thaim that fowk were leain the Labour Pairty in droves in airts like Killie, Newmulls an Derval… but that Gawston, sae faur, wisnae for turnin – it wis still a Labour stranghold. Alex thocht that mebbe the sicht o a local boay giein praise tae the SNP – a local lad wha wis never aff the telly at that time – micht jist mak a difference wi some Gawston punters an swing the election his wey. I explained tae him the gey different *Weltanschauung* - wey o luikin at the warld - atween the wabsters up the Valley an the colliers o Gawston... an hou it wisnae a muckle gunk tae me nor a stound tae ma sensibeilities tae hear that the hauf communist/hauf Keir Hardie socialist, hailly collective community sense o Gawston wis still Auld Labour and resistent tae the braw new dawin offered by a comparatively recent new nationalist pairty, even ane as forrit thinkin an inclusive as the modren SNP.

I kent this weel forbye, because at the hert o Auld Labour in Gawston wis ma faither Auld Sannie Kay (the ay in Kay pronoonced like the i in words like thrice or wice). Ma dad wis a member o the local Labour Club, whaur he took his dram an socialised efter the tragic loss o his beluvit wife an pairtner. He had wrocht as a Chairge Haund in Massey Ferguson in Kilmaurnock for monie year aside monie Gawston fowk, then when the yetts o Masseys wis steekit in the face o the workers in 1980, he'd been a postman up the Valley in Newmulls. He wis a Killie supporter, had been a Maister Mason in Ludge St Peter in the Baur Castle lang syne... and he belanged tae a muckle kenspeckle faimily wi brithers galore that were aw recognizable as Kays wi their daurk hair and broun een. Whit I'm sayin is that ma faither wis pairt o a strang workin cless Gawston identity, he lued his wee toun wi a passion, an wis never happier than when he wis stravaigin its streets or daunerin the kintrae roads that let him glisk doon on Gawston liein douce an sonsie in its ain wee pooch in the hills at the heid o the Irvine Valley.

Ma faither wis at an age whaur he didnae want chynge, ony chynge. He wis weel contentit wi his life, wi help at haund fae his dochters if he needit ony help... which he rarely did, as he wis also thrawnly independent. He lued ma wark on Scottish culture on radio an televeision richt eneuch, an greed wi aw his bein on whit I had duin tae promote the guid Scots tongue... but that last poleitical step bein taen by thoosans o fowk fae his parteiclar backgrund at this time wis still a step too faur for him ae noo. I forewarned him ower the phone o whit I wis gaun tae dae, an ye cuid tell by his sweirt reluctance tae react tae whit he wis bein tellt that he jist wantit tae thole it in silence an hope that it aw gaed awa as suin as possible, sae that he cuid gae back tae his Gawston routine.

And sae the big day cam. I veisited faither in his flat, had a guid blether an baith o us agreed tae differ on the wey forrit for Scotland at the praisent time. I telt him I wis meetin Alex Neil, I wad gae roon the toon wi him on whit he'd telt me wis a Snappy Bus, syne I'd gae back up the road tae ma faimily in Fife. I decidit even afore the efternuin's politickin began that I wad gie ma faither a body swerve for a guid few days afore phonin him, tae gie him time tae get ower the muckle huff o his boay campaignin for a bourgeois nationalist pairty like the SNP in his Auld Labour toun o Gawston. I'm gey shuir the feelin wis mutual, an he cuid nurse his douce wrath by himsel tae keep it warm for a few days, then we cuid gae back tae normal.

It didnae quite work oot that wey! The best laid plans o mice an men gang aft agley! The bricht yellae an black bedecked Snappy Bus criss-crossed Gawston takin the nationalist message intae ilka neuk an totie cranny o the auld biggins an the new schemes, fae the rocher run-doon hooses in the Coonty scheme tae the mair middle cless new biggins in private developments up by the Ceimetery. Alex Neil an I took chances each wi the megaphone an in the great tradeition o Ayrshire pit heid ranters telt the fowk no tae be blate aboot ditchin the sleekit Labour Pairty for their days were past, an in the past they maun remain! It wis aw gaun great, and then quite tae ma ain astonished dumbfoonerment... did the Snappy Bus no come tae a stop at the fuit o the Manse Brae, richt ablow ma faither's leivin room windae itsel! I kent immediately that he wad think it wis deleiberate provocation on ma pairt, an kent as weel he wis ower thrawn tae accept ony ither explanation, nae maitter hou untrue it wis.

Sae, I jist had tae gae for it. I kent I wadnae convert Auld Sanny, but there micht be ithers in the flats mair open tae the message, sae I gied it laldy wi the thrapple gaun fu throttle wi the SNP propoganda. Meanwhile, up on the third flair, auld Sanny appeared at the windae makin coorse gestures wi his fingers, fists an airms that aw expressed graphically his extreme displeisure at his boay gaun ower tae the daurk side an disruptin his studies o the cuddies for his veisit tae the bookies later in the efternuin. He wis giein me the fingers, the clenched fist an the haund at his elbuck... GIRUY - Get It Richt Up Ye Son wis the gist o the sentiment bein expressed! If ever a meinute in time depicted late 20th Century Scottish society this wis it – a luvin faither an son that greed on jist aboot ilka aspeck o life's priorities, disagreein vociferously an vehemently on this gey important aspeck. Luikin back efter, we cuid baith see the humour o it... but no on the day itsel, or on ony day for a guid twa-three weeks efterwards. Aff coorse, history sinsyne has proved that the boay wis richt an Auld Sannie wis wrang!

(Historic note: Alex Neil wisnae electit that year sae we werenae "free by '93" as ane o the mair wildly optimistic slogans gaed at the time! The seat steyed auld Labour, until finally the SNP won it fae thaim in 2015. Ma faither wis lang gone gin then.)

Fremmit Airts, Fremmit Leids

I didnae kiss the grund when I stepped on French soil for the verra furst time, but I wis unco blythe in ma hert tae be in a richt fremmit airt at lang last, an wis eident tae gang ma ain gait an see whit anither kintrae had tae offer. Me an ma pal Davie Taylor had worn oor kilts an hitch-hiked aw the wey fae Ayrshire doon tae Dover, an then took a muckle ferry ower the Channel tae Calais. We were fifteen year auld an wantit tae experience whit the warld wis like faur fae the Irvine Valley. Wi the kilts on, it wis gey easy tae get lifts, an sae we traivelled through Picardy an Normandy an mairvelled at the bonnie French kintraeside, sae lush an sonsie luikin compared tae oors, e'en tho oor valley wis verdant, mulk-kye kintrae tae. We stoppit at ae bonnie auld veillage wi a Youth Hostel, Montreuil-su-mer, an I mind us sclimmin up tae the battlements o a wa surroondin the veillage an mairvellin at the view ower a wuid o wavin trees that streitched faur intae the distance. I had heard tell o the Auld Alliance gin then, an cuid imagine Mary Queen o Scots as a young lassie gaun tae the hunt in wuids jist like this ane, an proodly ridin her horse hard, gallopin an wallopin efter some puir beast lang syne!

I'm no shuir gin the fowk that gied us lifts kent muckle

anent *la vieille alliance*, but they did ken aboot Marie Stuart, an that she had been Queen o Fraunce an Scotland for a pickle year lang, lang, syne. If that wis in the gey an distant past, luikin back I jalouse that maist o the guid fowk that gied us lifts had tholed the Saicont Warld War that had endit jist aboot twenty year afore we arrived, an the Scots sodjers had enjoyed a soond reputation as leiberators o their kintrae – a bit like the Garde Écossaise an the Scottish sodjers back in the 15th Century when they helped Joan o Arc lift the siege o Orléans tae the skirl o the tune o Scots Wha Hae played on the pipes. Frae then on, a common French saw wis *Fier comme un Écossais* – as prood as a Scot! Typical o the commemorations o the Scots sodjers fae the 1940s wis the inscription on the bonnie monument tae thaim in Buzancy:

Ici fleurira toujours le glorieux chardon d'Écosse parmi les roses de France.

Here the glorious thristle o Scotland will flouer for aye amang the roses o Fraunce.

Aff coorse ma ain Irvine Valley had had contack wi Fraunce through the arrival o Huguenot wabsters in the 17th century, an they had brocht their skeels wi thaim, an that wis likely the stairt o the fine weavin tradeition in oor airt o the kintrae. E'en faurer back, ye had Norman French fowk comin intae Scotland efter the Norman conquest o England, an a wheen o the names o the noble faimilies in Scotland derive fae that airt tae – Bruce, Wallace an Fraser, tae name just a few – the Frazers' name comin fae the French word for strawberries, *fraises*! Anither connection tae the Irvine Valley micht jist be coincidental, but in North West Fraunce there are place names cried Derval, which is the wey Derval fowk fae the Valley pronoonce Darvel tae this day, and Loudun, that's gey close tae oor local name Loudoun, the Pairish ower the Irvine Watter fae Gawston! Years efter that furst trip tae Fraunce I took ma ain faimily on a road trip tae Portugal, an mind haein a wee smile tae masel when I saw signs for Derval on the road fae St Malo tae Nantes!

If thir things mindit me o hame, ither things mindit me that I wis in a fremmit kintrae as weel. We steyed a few days wi the faimily o a pen pal I scrievit tae back then, Bruno Jouenne. The faimily were douce an kind tae us, but bein picky wi ma food when I wis a boay, Madame Jouenne fair streitched ma abeelity tae pree new things when she put unco vivers (a guid Scots word we got fae the French) like artichokes doon afore us. I had never seen an artichoke aw ma days, let alane ate ane, an I hadnae a clue whaur tae begin. Shawin that ye peeled aff a leaf, syne dookit the inner fleshy pairt in a sauce wrocht fae cream an a pickle butter, then ye kinna drew the flesh aff the wee leaf wi yer front teeth... I had tae admit that it wisnae that bad actually!

The ither thing that dumbfoonert us wis when Madame Jouenne put whit luikit tae us like dauds o chalk on the table efter the main coorse. Dauds o actual chalk... hou in God's name were ye suppose tae heck a daud o chalk! Aw wis revealed whan the faimily stairtit tae cut open the dauds o chalk an kythed that the "chalk" had a creamy interior an that they cried it Camembert an Brie! Noo roastit cheese, warm, reekin an rich on toastit breid wis the extent o ma kebbock warld in thay days, sae the lowp fae Cheddar tae Brie wis faur mair than fae B tae C. This wis a warld chyngin lowp in the daurk at the time. I cannae say that I jyned the culinary revolution immediately, but years later I can threap that there's nocht better in the culinary warld the day than a daud o Brie or Camembert alang wi a gless o mature Clairet. I gree haillhertedly wi the chield Alan Ramsay wha scrievit:

> Guid claret best keeps oot the cauld,
> an drives awa the winter soon,
> It maks a man baith gash an bauld
> an heaves his saul ayont the mune
> Let neist day come as it thinks fit,
> the praisent meenit's only oors,
> On pleisure, let's employ oor wit
> an lauch at fortune's feckless pouers.

The ither fremmit thing I experienced in Fraunce for the furst time wis HEAT! Davie an I steyed in a youth hostel in the St Denis districk o Paris in whit seemed tae us tae be a heatwave, but micht hae been gey ordinar wather for the local fowk.

Tae paraphrase Robert Louis Stevenson in Thrawn Janet... it wis hoat an hertless, an lourd and close, an it gar'd ye sweit an rummle in yer bed at nicht, sae that sleepin wis a chave that wis hard tae achieve. Maybe e'en jist for a nano-saicont, I thocht tae masel, "maybe thaim that threapit on aboot spennin yer holidays gaun a day here an there were richt, because 'ye got yer ain bed at nicht'". That didnae last lang tho, an I mind leain Paris on the 14th o July as the croods gaithered for the muckle celebrations an parades alang the Champs-Élysées an takin the unnergrund Metro oot tae the last station in the east o the city, whaur we cuid begin the neist stage o oor journey - hitchin across Fraunce tae the fabled airt o Alsace & Lorraine, that interestit me acause o its cultural mell atween French an German... the ither leid I wis learnin weel at Gawston High Schuil at the time.

Fowk that spent time hitch hikin across Europe in thae days will tell ye that monie's the time ye set oot tae ging tae ae parteiclar airt, syne landit in a gey different airt jist because ye were offered a lift there. Weel, in this case we never stoppit in *Elsass oder Lothringen*, but heidit ower the Border an awa tae Karlsruhe in Germany. The German assistant at oor schuil in Gawston wis a guid lad wha blythely had gien me his address in Germany an telt us tae luik him up gin we were onywhaur near his hame toon o... Karlsruhe! He mebbe regretted that when I dout he got a fleg wi fowk chappin his door at eleiven o clock at nicht! He wis in a wee appairtment wi his girl-frien, an puit us up in the back o his van that wis parked ootside! I mind he tuik us tae prie Curry-Wurst (sausage/saster in a curry sauce) an practically telt us "whaur's yer fish an chips noo" compared tae this local delicacy! Thinkin o aw the Scots-Italian cafes back in Gawston makin deleicious fish suppers, I had ma douts, but decidit tae haud ma wheesht an be a Valley diplomat this time aroon!

Fae Karlsruhe we hitched north tae Rüdesheim whaur I saw the furst wyneyairds in ma life, an fae there we gaed alang the bonniest streitch o the Rever – the Rhine Gorge, wi its auld story o an unco braw mermaid quine cried Lorelei, wha fae her poseition on tap o a muckle rock owerluikin a shairp corner o the nairrae Rhine wad lure boays on the boats ablow ontae the craigs and gar thaim tine their lives acause o the lassie's bonnie singin, an kaimin o her lang, gowden tresses. Bein fifteen at the time, gin the Lorelei had gien me the gled ee, I'm gey shuir this Gawston boay wad hae perished on the craigs like thae Rhenish sailor boays lang syne! Wearin oor kilts, Davie an I did get a douce walcum fae lassies oor ain age, and I hae photies taen at the time wi me an a wheen braw German lassies on either side o me an me grinnin like a cuddy luikin ower a dyke in the middle... fae scenes like these auld Scotia's grandeur springs!

Ane o the preincipal hings I took fae the journey, tho, at this gey early age o fifteen year auld, wis confidence in ma abeility tae communicate wi fowk fae gey different cultures tae ma ain. As I hope ye can see, I had a guid Scots tongue in ma heid, an that wad staun in me in guid tid aw ower the Anglophone warld when I traivelled later on. But haein the same guid Scots tongue in ma heid an learnin tae switch tae the leid I learit in schuil fae the age o five onwards, English, for self preiservation an tae avoid gettin a lick wi the tawse, wis also gey important in the learnin an speakin o fremmit leids as weel. In ither words, bein fully twa leidit an bi-lingual in Scots an English garred me be innately linguistically awaur, an I fund it a dawdle tae wale an savour new words, an then tae string aw thae braw words thegither an spik tae fowk in their ain leids. It micht no hae been perfite, but they appreciated the gallus wey I breenged intae their warld an fund a wey tae communicate wi thaim within it.

Haein gliskit anither warld at fifteen made me eident tae see mair as aften as I cuid. The neist opportunity cam the follaein simmer wi anither leid that I stertit learnin when I moved fae Gawston tae dae ma Highers at Kilmaurnock Academy. Roushian wis on offer there, an I wis lucky tae hae teachers that were enlichtened eneuch tae let me ditch mathematics – whilk really wis a fremmit leid tae me – an pick up Roushian. I'm no shuir hoo lang the leid wis available at the Academy, maist likely jist the few year Michael Brannon taught there. He wis an oot-gaun English bodie wha wis active in Scottish Soviet circles, sae I mind gaun tae his hoose in Killie whaur he held a pairty for a veisitin group o Georgians... drink wis taen at thir gaitherins an me an the Georgians toasted tae oor kintrae's independence alang wi their favourite poet Rabbie Burns: "Whisky an Freedom, gang thegither. Tak aff yer dram!"

Mr Brannon wis engaged as weel in organisin a trip to Roushia itsel the follain Simmer o 1968, an tho it wis a bittie dear for me an ma faimily, they said they'd gie me a haun wi the siller required, as lang as I warkit ilka Setterday tae hain siller eneuch tae pey the costs. Roushia at that time unner the Soviet authorities wis an exotic place tae ging tae, sae for me it wis irresistible. I describe the wark I did tae get there elsebit in this buik, but while hainin aw the siller I cuid get, I stuck in at learnin the leid an luikit forrit tae veisitin sic a faur awa airt. The lang an windin road fae Kyle tae Moscow involved a caur tae Glesga, a train fae Glesga tae Lunnon, a bus tae Tilbury, a ship fae Tilbury tae Riga, a plane fae Riga tae Moscow, an owernicht train fae Moscow tae Leningrad, a ship fae Leningrad tae Leith, syne a bus tae the Little

Moscow o Bowhill in West Fife whaur ma mither an faither were spennin their Fair holidays wi ma Gran Carruthers.

Whit stauns oot fae that epic journey were the follaein: the caur ma faither organised, maist likely wi his frien John McSkimmin, missed by a few saiconts a serious crash in the leafy suburbs o Glesga as we heidit in tae Central Station. Twa caurs smashed in tae ane anither at a junction jist as we cam near it. We were shaken but alloued tae continue oor journey. Fae memory, maist o the students were fae fee-peyin schuils in Embro, but we aw got on weel thegither, appreciatin the muckle adventure it wis for the haill jingbang o us.

The ship wis a Soviet cargo vessel that cairried passengers. Ae bizarre feature o it luikin back wis the availabeility o caviar at ilka repast – the table wis aye thrang wi bowls o caviar baith reid an black. Maist o the Scots teenagers wi us tint interest in its wersht an sauty taste efter preein it the aince. I wis gey conservative in ma taste whan I wis young, sae I didnae ettle tae heck a lot o it, but ever sinsyne when I hae seen caviar on the menu o posh restaurants, I mind the time I could hae et it tae it wis comin oot ma lugs in a ship sailin ower the faem fae the North Sea tae the Baltic back then.

Maybe anither reason for leain aff the caviar wis the stormy wather we had tae thole for mair nor twinty fower oors as we stotit aboot fae muckle wave tae muckle wave, an were seik doon in the dowie airts ablow deck. It wis anely when ye had strength eneuch tae sclim up the stey stairs an got a blaw o the snell fresh wind on deck, that ye began tae feel human again. Aff coorse it wis the furst lang sea journey

I had ever made – the Massey Ferguson trip doon the watter tae Millport or Rothesay wisnae quite on the same scale! It wis also ma furst journey on an aeroplane. It wis a grey Aeroflot plane wi propellers, an the image I've got o it in ma heid is straicht oot o spy films fae the days o the Cauld War! Onywey, apairt fae a few flegs when it gied a shoogle in the sky, it flew us tae Moscow an we were puit up in an undeemously muckle hotel in the city centre. I think it wis cried the Moskvaya, an it had lang, lanely corridors like the wans I saw in the Jack Nicholson film The Shinin monie year later!

Aw the Scottish teenage boays in Moscow fund their heids turnin on a regular basis acause o the thoosans o braw lassies we saw on the streets o the city. At this time jist efter the Cauld War, when stories o Western men bein compromised an blackmailed by Rousshian *femmes fatales* were common, there wisnae a boay in thae lang tuim corridors that didnae dream o an Alina or Natasha chappin on their door ae nicht and proceedin tae compromise thaim tae their hert's content. Aw the meilitary secrets o the British State wad hae been skailed by awbody within the oor. But, insteid o radge erotic compromises, whit we got wis a lecture on the Five Year Plan! It took place in a muckle Soviet lecture theatre wi hunners an hunners o foreign veisitors bein subjeckit tae gey dreich facks an figures that gied gloire tae the Soviet Union as a global model for social progress. It wis lang and dowie an garred ae Aberdonian chiel in oor pairty faw asleep in his chair, syne stert tae snore loodly. The geiglin stertit amang thaim sittin aside him, syne spreid tae oor haill group, then tae ither young anes fae ither airts. It wis infectious an e'en harder tae control, acause we had aw been telt tae be on oor best behaviour an no gie ony snash tae oor hosts. It wis excruciatin, and we had tae thole it for whit seemed a lifetime afore it feinished, an suitably brainwashed, we were alloued back oot on the streets o Moscow.

There we aw immediately undermined the Five Year Plan by chyngin oor pounds for five time the offeicial exchynge rate against the rouble wi chiels gaun aboot luikin for foreigners tae get western currency aff thaim, tae sell on at e'en bigger profits. This wis aw duin in a hurry in wee daurk neuks oot o sicht o the polis that wad hae gruppit the perpetrators in an instant. We spent days thereefter luikin ower oor shoulders for fear o bein battered by ae boay, efter he discovered later on that the pounds he'd quickly stuffed in his pooches werenae fae the Bank o England but fae the Clydesdale Bank, an no worth a groat or a bawbee in the Moscow mercat for fremmit siller!

The trip, though, fair gied me a taste for history. On ane o the brigs ower the Moscow Rever, I mind seen an auld *babushka* aw happit in black an humphin a heavy message bag she wis chavin tae cairry. Luikin at her, I thocht tae masel, this wee wumman wad hae experienced hersel, as a teenage lassie, ane o the maist byordnar an cataclysmic events in the history o humankind – the Russian Revolution o 1917. Images like that micht weel hae been the catalyst I needit tae devote masel tae collectin Scottish workin cless oral history a decade or sae later whan I stertit warkin for the BBC. In fact, oan the ship gaun ower tae Riga I met a wheen Lanarkshire Lithuanians on their wey hame tae veisit their faimilies still bidin in the auld kintrae. The Lanarkshire

Lithuanians wis ane o the furst programmes I wrocht in ma Odyssey series on workin cless an migration history in the early 1980s.

The ither events that touched me hame then, tuik place in Moscow an Leningrad. I hae a photie o me taen in Reid Square on July 25th 1968. Wi ma shades an short hair I wis a typical Mod fae that period. In the backgrund ye can see a queue formed ootside a laigh buildin aside the Kremlin Wa. The queue wis formed by Roushian fowk waitin tae pey their respecks tae the hero an maistermind o the Revolution Vladimir Ilyich Ulyanov – better kent as Lenin. They had tae queue for a lang time in the simmer heat, but because the Soviets ettled tae lat foreign fowk see whit they thocht wis the best o the kintrae, we were allouwed tae skip the lang line an were ushered ane by ane straicht intae the chaumer. As a bodie whase imagination wis het up wi the sicht o the auld granny that had experienced the Revolution, ye can imagine the lowe it created seein the actual embalmed and perfectly preserved body o Lenin in this impressive memorial biggin. It wis jist mind blawin for a Gawston boay, an though we were supposed tae file through at walkin pace, I wis that taen wi the sicht that I taigled a bittie langer than the ither students... lang eneuch tae tak tent o somethin else in the chaumer itsel. For there carvit intae the saundstane wa ahint Lenin's bodie wis scrievit in Cyrillic script the names o ither European heroes that had supported Lenin an the Revolution. Twa luikit like German names, but the ane that caught ma ee wis MAKLEN, wi me jalousin that it micht hae been the Scottish name Maclean!

Ootside, I spiered at Mr Brannon if it had in fact been

Maclean, and he confirmed that I wis richt, an that John Maclean wis ane o the Reid Clydesiders an that Lenin had appyntit him as the Soviet Union's consul for Great Britain efter the Revolution. As weel as that he shawed us a monument nearhaund tae anither Reid Clydesider, Arthur MacManus, whae has a plaque commemoratin him in the Kremlin Wa! Noo that wis the furst time I had heard o Reid Clydeside an the furst time I had heard o the great John Maclean, but when I did learn aboot him a few year efter that incident through the sangs o Hamish Henderson and the play by John McGrath and 7:84, his famous *cri de coeur* gaed straicht tae ma hert an bides yet in ma heid: "Aw hail the Scottish Workers Republic!"

A wheen year efter hearin aboot the great John Maclean for the furst time, I wis invitit tae gie a talk anent ma new book "Scots: The Mither Tongue" in a pub in Lithgae cried the Black Bitch. Gin I mind richt it wis pairt o an event for the toun's ceivic week. I gied the talk, an the usual steirin discussion took place in the question & answer session that follaed. Onywey, efter I had signed some copies an wis gaitherin up ma graith tae drive hame, an auld lady came ower tae me, and said she wantit tae shak ma haun tae thank me for the grand darg I wis daein for the mither tongue. I thankit her gratefully an wis touched by her douce kindness. As she stachered awa, the organiser fae Lithgae spiered gin I kent wha I'd jist been talkin tae? I reponed that I didnae ken her or recognise her. He then said, "Weel, that's Nan Milton, the dochter o the great John Maclean"... and ma mind gaed whummlin back tae seein her faither's name carvit on the saundstane wa in Lenin's tomb! When I tell that story the day,

I find it hard tae haud back the tears wellin up in ma een.

I realise noo that I wis gey lucky tae hae Michael Brannon as oor dominie on that trip, as I'm no shuir if ithers wad hae kent the story o the Reid Clydesiders an their connection wi Reid Square. When we gaed tae Leningrad an veisited the Hermitage an the Royal palaces in the kintrae, naebody telt us aboot the strang Scottish praisence at the Coorts o Peter an Catherine the Great, an their influence on Roushian architecture, medicine, science an industry lang syne. When I gaed back monie year later tae mak programmes on the Scots in Roushia, I kent that I wis crossin the Rever Nevsky on brigs biggit by the Scots architect Hastie an adorned wi wrocht airn wark that had been perfectit in the Carron warks in Fawkirk! In 1968 I kent nocht ava aboot this, I jist enjoyed the byordnar beauty o St Petersburg an mairvelled that the plush ice cream cafes we frequentit on Nevsky Prospect were the former hames o aristocrats that were lang gaun. In thir *Cafés Morozhnie*, us teenagers fair enjoyed heckin deleicious Roushian ice cream washed doon wi Roushian champagne fae the Crimea. Talk aboot western decadence! The ither Kyle connection in Leningrad wis the rooms in the Hoose o Frienship wi icons o the lad that wis born in Kyle, Robert Burns. The Soviets had aff coorse issued a stamp wi Rabbie's portrait on it afore oor ain kintrae got roon tae daein ane!

Anither strang memory bidin on fae that journey wis the nicht train sleeper atween Moscow an Leningrad, an waukin up an seein the muinlicht refleckit in wee ponds o watter aside ghaistly siller birks. There wis also a samovar in the corridor that gied oot tea at aw oors tae thaim that wantit it. Separatin the compairtments fae the corridor were muckle slidin wuiden an gless doors, an I somehoo managed tae stick ma heid oot jist as anither boay attempted tae steik it wi a strang push... sae ony signs o me bein doolally that ye detect in thir scrievins micht stem fae that muckle dunt I got when ma heid got jammed in a lourd slidin door somewhaur near Novgorod!

When we finally won hame tae Scotland by ship tae Leith, I mind seein Edinburgh Castle and Arthur's Seat awa in the distance fae the Forth. We cuid mak oot as weel the wee ports alang the Fife coast. Years later in ma Odyssey series on warkin cless history, I interviewed miners an communist activists fae East Fife wha had belanged organisations like the Young Pioneers that had taen thaim on veisits tae the Soviet Union an had thaim introduced tae their heroes in the Reid Army. Anither fine auld man I spak tae aside the street he'd named Gagarin Way in Lumphinnans wis Rab Smith, wha telt me that him an his brither an sister communists luikit longinly fae the herbour at Methil oot ower the Forth tae the North Sea in the hope o seein Soviet ships arrivin fae Leningrad tae stert the Revolution here! Weel, they never came, but ma wee boat fae St Petersburg did bring me hame tae Scotland, an ironically the airt I heidit tae, tae jyne ma mither, faither an granmither wis Bowhill, ane o a wheen seimilar minin toons in Fife that were kent locally as Little Moscows!

If I wis lucky tae hae a dominie like Mr Brannon at Kilmaurnock Academy, aye ettlin tae mak us better linguists an internationalists, I can mind anither great French an German teacher I had at Gawston Heich Schuil, Mr McGarva, wha encouraged me tae unnertak that precocious journey tae Fraunce an Germany. It stertit a life lang urge tae traivel an whit I experienced in aw the airts I gaed til, gied me an open *Weltanschauung* that bidit wi me aw ma days. The final teacher an the last fremmit leid I maun mention is Latin, an a byordnar chiel that taught me the langage in my final year at Killie Academy so I cuid get the last qualification I needit tae dae a Modren Langage Degree at Edinburgh Uni. Mr Malcolm wis a character wha yaised a five pound note as a bookmark as he declaimed fae the wark o Horace an Tacitus! At ae time he had been a high heid yin in the British admeinistration in Sierra Leone an he yist tae regale us wi stories fae the days o the rampant diamond smugglin that gaed on. Ae time he had tae preside ower a case whaur a weel kent smuggler wis gruppit by the polis an gaed for his trial. Noo awbody thocht it wis a foregone conclusion that he wad plead guilty because o the nature o hou the polis had secured the wee poke o uncut diamonds: when he kent he wis gaun tae be huckled awa ony meenit, he proceedit tae secrete the poke up his posterior, as the coort put it, or up his erse, as Mr Malcolm telt it. When the prisoner pled Not Guilty tae stealin the diamonds, Mr Malcolm intervened sayin, "How can you plead Not Guilty, when the diamonds were found... eh... on your person?" The reply jist aboot brocht the auld colonial coortroom hoose doon, "Yes, your Honour, indeed they were found... on my person, but... someone must have put them there!"

He also had a guid Scots tongue in his heid. When he referred tae ane o Catullus's weel kent poems he cried it Tae his Pet Speug, no To his Pet Sparrow! The room whaur we studied thir ancient makars fae auld, auld, lang syne wis in a tuim an tasteless 1960s brutalist annexe tae the schuil. Nocht cuid hae been faurer aesthetically fae a Roman villa in the Campanian kintrae side atween Pompei an Herculaneum back in the days o Catullus an Horace. Mr Malcolm luikit doon on it as a dreich an soulless place tae convey tae his students the magnificence o ancient Rome. In the middle o the clessroom wis a lourd an muckle roughstane pillar that dominated the space an garred us aw luik roon corners tae see ane anither. Ae time, exasperated wi the barren nature o the place, he pynted tae the pillar an declaimed "as for this, the anely thing that wad gar it be guid an yissfu for aince in its life at least, wad be for a muckle Ayrshire stirk tae scart itsel against it!" His 6th Year accolytes, or hankersaidlis as Dunbar cried thaim in his Dregy poem, applaudit the magister an lauched their heids aff. Monie year later, I read The Democratic Intellect by the brilliant George Elder Davie. In it there's a chapter on hou the Humanist Latin tradeition in Scotland had aye intersected an owerlapped the vernacular Scots tradeition in oor lang and strang cultural history, an it gies a nummer o examples o the mell. When I read this, I thocht back on oor ain dear dominie Mr Malcolm, an gied a hertfelt smile o recogneition.

Jylehoose Rock

Dang, Dang chchuh chchuh. Dang, Dang chchuh chchuh....

Warden threw a party in the county jail
Prison band was there, they began to wail
Band was jumpin' and the joint began to swing
You should've heard them knocked-out jailbirds sing....
Let's rock; everybody, let's rock
Everybody in the whole cell block
Was dancin' to the Jailhouse Rock

But no jist the haill cell block... the haill o the Gawston Picture Hoose wis jiggin tae the Jylehoose Rock... wis jivin doon on the flair atween the muckle screen in the Gawston geggy an the wuiden benches o the ninepenny saits. Up on the plush velour saits o the balcony, the lassies fae Loudoun Avenue were daein the haund jive sae their een didnae hae tae move awa fae Elvis fae Mississippi's gyratin pelvis for a split saicont. Doon the stair naebody steyed in their saits, awbody stood up an danced there or in the aisles whaur fowk were gaun mental wi the steirin atmosphere, as boays wi lang sideburns and langer jaikets, an sleekit brylcreemed pows shimmied in their brothel creeper shuin an birled their pairtners wi bouffant hairdos and wide, stiff, petticoat-supported dirndl skirts an sherp high heels that showed aff the Ayrshire lassies' ticht wee waists an soople calves as they brawly birled tae Elvis's Baund...

> *Number forty-seven said to number three*
> *"You're the cutest jailbird I ever did see*
> *I sure would be delighted with your company*
> *Come on and do the Jailhouse Rock with me"*
> *Let's rock; everybody, let's rock*
> *Everybody in the whole cell block*
> *Was dancin' to the Jailhouse Rock*

The film Jylehoose Rock wis released on ma 6th birthday on September 24th, 1957, an I like tae think I wis taen as a birthday praisent by ma big sisters, but I've nae idea when it reached Gawston. Aw I ken wis that the jynt wis jumpin, couples auld and young wis lowpin, feet in winkle pickers an stiletto-heeled shuin wis gowpin an the atmosphere wis eldritch an unco, unco happy – the nearest tae mass hysteria I ever witnessed in Gawston afore or efter the musical wis released tae the Gawston thrangs, thrangs that were thirled tae it fae lift aff, an embraced it wi strang bosies an warm embraces that kythed the dawin o a new musical era. The King had been crouned in Gawston, an fowk jaloused that popular culture micht never be the same again!

Dang, Dang chchuh chchuh. Dang, Dang chchuh chchuh....

Jyler threw a pairty in the Coonty Jyle
Prison baund was there fae the Hert o Kyle
Baund was lowpin, the jynt began tae swing
Ye shuid hae heard them blootered jyleburds sing...
Let's rock; ilka bodie, let's rock
Ilka bodie in the haill cell block
Wis jiggin tae the Jylehoose Rock.

I mind monie year later when I wis a student hitch-hikin across the Deep Sooth, traivellin in the humid heat o the Mississippi Delta an seein the airts that gied birth tae the blues an tae Elvis's white boay version o African-American music that wad tak aff roon the warld, even unto Gawston in 1957. That fusion in the Deep Sooth micht weel hae had a Scottish element in it, wi ane o the kintrae's greatest scrievers, William Faulkner threapin that he cam fae "Scotch Mississippi – Highland and Lowland". Presley wis a Scottish name efter aw! Monie o the white settlers there had come ower the Appalachian mountains fae North Carolina whaur, as late as the turn o the 20th century, a poet fae that mell o Hielan an Lawlan culture, Charles McNeil, wis scrievin poems in Scots aboot the fowk he stemmed fae an their historie o walin the wrang side in muckle fechts... wi the British at Culloden, wi the Patriots in the American War o Independence an wi the Yankees in the Ceivil War.....

Prince Charlie an I, we war chased owre the sea
Wi naething but conscience for glory.
An here I drew sawrd, when the land wad be free,
An was whipped tae a hole as a Tory.

When the Bonny Blue Flag was flung tae the breeze,
I girded mysel tae defend it:
They warstled me doun tae my hands an my knees
An flogged my auld backbane tae bend it.

Sae the deil wan the fights, an wrang hauds the ground,
But God an mysel winna bide it.
I hae strenth in my airm yet for many a round
An purpose in plenty tae guide it.

I been banished an whipped an warstled an flogged
(I belang tae the Democrat party)
But in gaein owre quagmires I haena been bogged
An am still on my legs, hale an hearty.

Because o this strang Lowland Scots and Ulster Scots/ Scotch Irish mell in the Sooth, the local weys o speakin hained Scots words like a *poke* for a bag an *redd* tae clear up weel intae the 20th century. Settlers fae the Scottish Hielans left a linguistic mairk on the airt as weel wi Soul Brither Nummer Ane, James Brown fae Augusta, Georgia mentionin haein tae wear *brogans* as a puir black bairn – rawhide shuin like the rivellins worn in Scotland centuries afore an mentioned in epics like Blin Harry's Wallis lang syne.

There wis nae black fowk in Kyle when I wis growin up, sae I jaloused there never had been black fowk in Ayrshire. But when I stertit delvin intae the historie of the area years later, I howkit oot a wheen gems. A positive ane wis that there wis a freed former slave servant o the Kennedys fae Culzean Castle cried Scipio Kennedy wha leived weel an respeckit, an mairried a local lassie afore Burns' time in the eichteenth century. The negative anes owerwhelmed the positives tho, when ye realised that ane o the brawest Adam mansions in the coonty, Auchincruive Hoose, wis biggit on the back o walth generated by the slave trade. The Oswald faimily were at the hert o the ugsome business that brocht misery tae millions an unco prosperity tae a few.

Richard Oswald alang wi fellow Scots cried Grant and Boyd actually bocht Bance Island in the Sierra Leone River. It wis a slave tradin entrepot run by Scots that trafficked thoosans o puir sowels brocht doon tae the coast by slave traders. It had an auld fort on it whaur the slaves were chained until they were shipped ower tae the sugar an cotton plantation ports like Kingston, Jamaica or Charleston, Sooth Carolina. A Swedish botanist veisited Bance in its heyday an described whit he saw. I wis dumbfoonert tae discover hoo "normal" life wis for thaim runnin the slave station... they even had a wee gowf coorse biggit on the island whaur the slave caddies wore tartan loin cloths that were maist likely manufactured back in Ayrshire! There's a great novel by a scriever wi mixed Scottish and Sierra Leonian heritage, Aminatta Forno, whaur she descibes a hauntin veisit tae the place an the ghaists that inhabit it.

While there were nae black fowk in Kyle when I steyed

there, there were ane or twa through in Fife, whaur ma granmither bided in Bowhill. It wis still a strang minin community in the 60s an 70s, an a few black miners fund wark there. Wi its strang socialist an communist tradeitions, they micht hae been welcomed as brithers an Jock Tamson's bairns – I mind ae chield bein guid friens wi a faimily I kent in Ballingry and bein there when they were haein a blether an a cup o tea – but I'm gey shuir they wad hae had tae thole ignorant racism on a regular basis. I mind sittin in ma Gran Carruthers leivin room on Craigside Road ae efternuin in the late 1960s when a braw luikin ebony-coloured man gaed by the windae, and ma gran said "By, he's a black yin!". Tae her, it wis a stark statement o fact, as a bodie wi next tae nae experience o comin across fowk o colour in her life.

In the late 1970's I gied ma gran a sair culture gunk when me an ma pal Cornelius Williams, wha wis ower fae California, turned up at her door an steyed wi her afore heidin ower tae Auchtermuchty for the folk festival. Cornelius wis a black dude that grew up in Watts, Los Angeles in a faimily that included an aunt wha had duin choreography for Fred Astaire at ae time, sae he wis yaised tae haein cultural experiences. I gied him an SNP badge an launched us intae the steirin, thrang warld o the Muchty pubs hoatchin wi fiddlers an gowpin wi sangsters galore. We had a braw time, heard great sessions, an Cornelius learned an affie lot aboot Scottish politics ower that kenspeckle weekenn.

Although there were gey few black fowk in Scotland in the 1950s an 60s, there wis definitely a rampant sense o egalitarianism and a man's a man for aw that amang the respectable workin cless that we belanged til. Ma granfaither Carruthers's wark had been as a pit sinker an that darg took him awa tae Sooth Africa in the early 20th century. When he cam hame, he telt his friens an faimily, "It'll no happen in ma lifetime, but ae day there'll be a bluidy revolution there, for I've seen black fowk traited nae better nor slaves, an it'll aw explode ae day." Aff coorse it got waur unner Apartheid wi bluidy massacres in toonships like Sharpeville, but there wis a faimily connection tae the braw day the freedomfechter Nelson Mandela wis released fae the jyle. I mind weel watchin that on the televeision e'enin news afore heidin ower tae Ninewells hospital tae be aside ma wife João when she gied birth that nicht tae ma son Euan – the great, great grandson o Thomas Carruthers, the Scottish miner in Sooth Africa! Euan wrote tae Mandela on his 10th birthday and got a signed photie back fae that inspirational chiel.

Anither Kyle connection tae that incident tuik place in faur-awa Malawi in 1964, whaur the meinister-in-waitin for the forthcomin independent Government o Malawi, Colin Cameron fae Irvine, wis cried intae action when he got a telephone call in the middle of the nicht tae say that a plane thrang wi escaped ANC leaders fae Sooth Africa had landit in Lilongwe. Noo, the leader in waitin for Malawi wis a Kirk o Scotland elder cried Dr Hastings Banda, and he got support and siller fae the Apartheid regime in Sooth Africa. Colin Cameron gied some thocht tae the dilemma o gaun against whit wad hae been Banda's weishes, an decidit tae jist dae whit wis richt. He gied the order that the plane wis tae be refuelled, and alloued tae flee north fae Nyasaland tae Tanganyika. This it did, and Oliver Tambo hained his freedom an became the kenspeckle ANC leader in exile. When I spak tae Colin monie years efterwards he wis a retired lawyer in Irvine, an an honorary Consul o Malawi wha gaed there aften tae tak in the wice words and open herts o the auld fowk there, that he and his wife had grown tae lue wi aw their herts as weel.

Nkosi sikelel' iAfrika   God bliss Africa

Gaun back tae ma ain experience wi African-American culture – there wis definitely a sense o identifyin wi it that cam oot o the workin cless Scottish experience tae. I mind bein in the States when the Soul Baund AWB – ironically cried Average White Band, because they kent they didnae soun white ava – took the music chairts by storm. In fack, when their music wis furst heard on Black music stations ower the States, awbody presumed they cam fae Philly or Detroit or Chicawgie and definitely no Dundee, Perth an Glesga! I mind readin an airticle aboot them ower in the States, when they likened the self-effacin humour they tuik in wi their mither's milk in urban Scotland tae the warld pictur in the African-American ghettoes o the muckle American cities. Gin ye've seen the Irish movie aboot a soul baund, *The Commitments*, an ye ken the likes o Dundee, ye realise hoo easily that pictur cuid hae been set there.

At a concert aince in the city in praise o a musician cried Dougie Mairtin wha, like the Beatles wi Liverpool, had brocht back early Soul fae the port o Hamburg tae Dundee, I heard skeely funk museicians an soulfu sangsters gie it sic laldy that the boay aside me said in total admiration, "Braw.

Tae sing like that, ye hae tae be black or come fae Fintry!", Fintry bein ane o Dundee's sprawlin hoosin schemes. A frien o mine fae the city minds gaun tae a Four Tops concert at the Caird Hall, whaur a boay fae the audience dancin at the front o the stage wis gien a haund by Levi Stubbs and raxed on tae the stage tae sing alang wi thaim a piece o classic Motown like "Sugar Pie Honey Bunch". The boay wis richtly vauntie an lowin wi virr an energy when he wis leain the Caird Hall at the end. "Did ye see wis, did ye see wis," said he, "Eh wus the Fufth Tap!"

I wisnae quite the Fufth Tap, but apairt fae fleetin glisks o me in the schuil plays at Gawston High Schuil an Kilmaurnock Academy, ane o ma furst appearances on a stage took place at a Teens and Twenties exhibeition in Glesga roon aboot 1967. I wis aboot 16 year auld, an me an ma pal Gordon took the bus fae Gawston tae Glesga an managed tae find oor wey tae the Kelvin Haw. In the efternuin a weel kent DJ wis on stage fae the BBC, David Jacobs. While we were watchin, David askit for volunteers tae gae up on stage an mime tae the sang It Takes Two by Marvin Gaye and Kim Weston. It wis a hit in 1967, an bein Soul, I kent aw the words. Onywey, a gallus Glesga lassie volunteered, but seein the boays were sweirt tae tak the gig, I stuck ma airm up an wis invitit ontae the stage, an wis gleg tae become Marvyn *Kaye* for the three or sae meinutes the wan-aff duet lasted. Ma prize for daein it wis a poke fu o preuch wi orra things in it like make up, badges, vouchers for hairdressers etc that I gied tae ma big sisters when I returned in triumph tae Gawston. The day oot in Glesga maybe marked ma scrievin debut as weel because I descrieved it in the Gawston Schuil magazine that year. It taks twa, baby, aye!!

In ma final year at Kilmaurnock Academy, I jyned a theatre group that wis associatit wi ane o the toun's kirks and wis cried the Sick Worm Saga. When I gaed tae Embro University, I shared a flat wi a boay that tuik pairt in the theatre group as weel, sae we baith continued tae gae there when we were hame for the holidays. Because o ma interest in African an African-American leiterature and history in the American Sooth, I persuadit the group tae pit on a show cried Right On, that wis based on a documentary play cawed In White America by Martin Duberman, first published in 1964. I hae nae idea how I cam across the play, but I managed tae get a copie o the book an we staged it in Killie in April 1970. It included e.g. the testimony o the young lassie that broke the segregation laws in Charlotte, North Carolina, an the ugsome words she had tae thole fae a white racist mob that hurled abuse at the brave sowel. Her words were read movinly by a lassie wha wis in her 5th or 6th year at the Academy at the time, Elaine Hynd. Noo it had fauts that ye wadnae repeat in a modren version – we had nae black actors sae ane or twa "blacked up" in a wye that the day wad hae echoes o the Black & White Minstrel Show that wis stull shawn on British televeision as late as 1978 – but whit wis remarkable wis that a bunch o Ayrshire teenagers had eneuch smeddum tae tak on siccan a subjeck an tell the story o racist abuse o black fowk in the United States. It micht weel hae been the furst time the play wis staged in Britain, and probably the anely time it wis staged in Scotland... and that's somethin I'm gey prood o.

Anither chapter in ma traivels intae Black America

tuik place in West Berlin in the Simmer o 1970. Because I wis studyin German at Embro Uni, I decidit tae ging tae Germany, an somehoo managed tae get wark wi the firm Bosch in their Berlin Warehoose. The darg wis a dawdle as whit they stored wis licht cairdboard boxes containin radio antennae for caurs. I'd been telt hoo dilligent the Germans were at their wark – mind this wis jist efter the time o the *Wirtschaftswunder* – the economic miracle o post war Germany. Wantin tae gie a guid impression, I stertit tae luik thrang an busy an loadin aerials like fury ontae their stacks. An auld boay tuik a luik at me an said, "*Jungs, nicht mit den Händen, mit dem Kopf arbeiten.*" – "Son, dinnae wark wi yer hauns, wark wi the heid." I slowed richt doon, and we got on great thegither. Whaurever the Economic Miracle happened, it wisnae in Bosch's Berlin Warehoose. Awbody had a wee bield an restin hidey hole amang the stack, a wee kinna dug-oot whaur ye cuid retire for hauf an oor an dover awa. Me, I read War and Peace by Tolstoy fae stert tae feinish durin ma month there.

But anither attraction o Berlin were the clubs that were thrang wi African-American sodjers stationed in the city at that time when the Berlin Wa separatit whit the Americans cried the Free Warld fae the Communist Warld in East Berlin an East Germany. There wis ae club I cam across whaur the clientele wis made up entirely o black American men, white German weemen... and me as the anely white skinned boay in the hoose! I wis there tae dance, sae it didnae bather me ava tae be in a kenspeckle minority. An whit jiggin there wis. They had dance aff competeitions whaur ilka dancer luikit better than the neist ane, and it wis aw duin tae a soond track o James Brown singin sangs like *Sex Machine* and *Make It Funky*! This wis the time o Afro hairdos an African-Americans getting back tae their West African roots, an that wis kythed as weel in their style o dancin at the time, wi its strang tribal elements. When I recordit a veillage celebration in Malawi years later and saw the weans dancin, I wis mindit o ma time on the dance flair wi the brithers in Berlin. I loved it, an learned tae dae it, an still hae maist o the moves 50 year on, when I hear funk fae that period! Mak it funky, da da da da!

A year later I gaed tae the States for the very first time and, on ma first mornin in New York, I took the subwey up tae Harlem and the first place I veisited wis the Schomburg Center, the library and museum for African-American studies. I later learned that aw sic libraries in New York City had oreiginally been biggit wi siller donated by Andra Carnegie. I had sat in on lectures on African History durin ma furst year at Edinburgh University, sae it wis an ee opener tae see that history an culture fae the perspective o the fowk that had been transported ower the Atlantic as slaves. Efter the Schomburg, I gaed tae the efternuin matinee show at the famous Apollo Theater. When I bocht my ticket, the douce lady ahint the coonter spiered if I wis Scottish, as she wis fae Jamaica an had grown up wi Scots fowk there in her Presbyterian Kirk. In the theatre they shawed auld films afore the stage show stertit and bizarrely it wis a pictur set in whit luikit like 1950s Edinburgh! The show itsel wis a treat for somebody that wis seein Black American music live for the first time. David Ruffin, the ex-sangster wi The Temptations, wis the heidline act, backed by a young baund built roon a faimily fae Chicawgie cried The 5 Stairsteps wha had a hit wi a sang cried *Ooh Child*. Ye can see thaim singin it on Youtube nooadays.

Monie year efter leain Kyle, ma wark as a scriever an braidcaster took me ower tae the States a wheen times, sae baith there and in Scotland I wis able tae see some o the great Soul acts like Diana Ross, Stevie Wonder, Chic, Earth Wind & Fire, and The Four Tops. Tamla Motown providit a soond track tae ma life, sae whit a pleisure it wis tae veisit Soul City in Detroit – the twa hoose museum whaur the Motown HQ wis and whaur maist o their hits fae the 1960s were recordit. The young local lad takin awbody roon wis fair bumbazed that it wis the auld dude wi the funny accent that kent aw the answers tae his questions raither than the African-American majority daein the tour! I wis fair trickit tae sing intae the hame-made echo chamber they wrocht in the studio tae enhance the vyces o their staurs!

The reason I wis in Detroit wis tae mak a programme aboot David Dunbar Buick, ane o the pioneerin Scots engineers in the American motor caur industry, whae stertit up ane o the maist kenspeckle caur firm in the states, Buick. I pride mysel in the titles I wale for ma programmes an that ane wis a cracker: The Buick: An American Icon fae Arbroath!

Gaun back tae bein a wean growin up in Ayrshire, the egalitarian tradeition that we got fae the auld saw that we're aw Jock Tamson's Bairns, an the tradeition that we got fae bein fae the Burns' kintrae whaur a man's aye a man for aw that, were fundamental tae the wey we luikit at the warld in oor faimily. In oor branch o the workin cless, we couldnae imagine discriminatin against ony man or wumman because they had a different releigion or a different colour o skin. That and oor love for the African-American music o the period garred us aw be pro-human richts and against the ugsome Jim Craw laws that taigled on in the American Sooth richt through tae the period I traivelled there. Twa incidents when I wis hitch-hikin atween Columbia, Sooth Carolina and New Orleans come back tae me. They tuik place in the early 1970s. I got ae lift in a pick-up truck fae some young cracker boays, wha spiered, "Y'all have any problem with blacks over there in Scotland?" – only blacks wisnae the word they yaised. I kent the dangers o discussin ceivil richts wi racists, sae diverted the conversation ower tae wha they were, an whit they identified wi. Wi me bein Scottish, an thaim haein an idea that they were ethnically Scotch-Irish, I wis able tae find grund we cuid talk aboot that wisnae shoogly and fraught wi frichtsome potential.

The ither incident took place in Georgia whaur a young black ceivil richts lawyer gied me a lift gaun ower twa hunner mile. At ae pynt, he said he wis wabbit an needit tae dover in the caur for a wee whilie afore drivin on. He pulled the caur ower unner a brig aside the highway. I spiered why he didnae gae aff the highway awthegither an rest in ane o the wee kintrae roads aff the main road. It wis aboot 10 o'clock at nicht. His repone wis alang the lines o "You crazy? You're not from here, Billy. If a bunch of crackers come by, they would eat ma ass up, these muthahs are dangerous an you don't meddle with them if you can help it." Telt!

JYLEHOOSE ROCK

In Sooth Carolina ane o the simmer jobs I got as a student wis in a warehoose, belangin an educational publisher, sae it involved humphin books aboot. The ither warkers were boays in their teens an twinties as weel, maybe up tae twal o us awthegither and an even mell o black and white. The black dudes wad sing soul sangs thegither while warkin, an whiles the white boays wad jyne in. I cawed canny tae begin wi as I awready stuck oot a mile wi ma vyce and accent. Houever, there cam a pynt in a communal black rendeition o *Ain't Too Proud to Beg* by The Temptations when the Brithers got stuck on a verse and couldnae mind hou it continued!

Now I've got a love so deep in the pit of my heart
And each day it grows more and more...

Fortunately Gawston's Soul Brither Nummer Yin had it aw in his heid, an wis able tae haud gaun wi the verse the brithers had stertit...

I'm not ashamed to come and plead to you, baby
If pleadin' keeps you from walkin' out that door

Awbody then, black an white jyned in an feinished the sang, gien the chorus gleg communal laldy...

Ain't too proud to beg, sweet darlin'
Please don't leave me, girl, don't you go
Ain't too proud to plead, baby, baby
Please don't leave me, girl, don't you go

When it feinished, the coolest o the singin brithers, anither Cornelius, turned an declaimed tae the ithers, "This Dude's got some Soul in him!" and cam ower tae slap and shak ma haund in ane o the myriad weys thae chields had tae dae thon back then. For me it wis a meinute o pride, that I hae hained in ma hert ever sinsyne. I belanged, even there, I cuid belang. Damn Right!

CREATIVE SCRIEVIN

O Aw the Airts

Wullie Kay held the flair an sung his faimily's favourite Burns sang like an anthem for Ayrshire an the Irvine Valley, but maistly for the fowk in his ain hoose in the wee sma oors o that nicht atween Hogmanay an Ne'erday...

"O aw the airts the wind can blaw I dearly like the West."

His brithers nodded their heids an smiled as they cradled their drams an gaed intae personal dwams that brocht back their ain folk fae generations lang syne when they were weans, an paiddlin in the Irvine on a het simmer's day...

"There wild wuids grow an rivers row, an monie's a hill atween,"

Wullie's vyce wis douce an saft but strang an pouerfu as the sang tuik him fae love o hame tae love o the wumman that made his hame...

"For there the bonnie lassie lives, the lass that I lue best..."

Couples aside each ither held their hauns tichter an

weished for a guid year free o skaith an hurt an hairm, an thrang wi health an contentment. Couples spread roon the room fund each ither's een for that split saicont that wis eneuch tae state their love for ane anither an the need for it tae bide strang tae thole aw the dunts o whit wis tae come, as it aye cam tae workin folk no shuir o whit wis roon the corner. Wullie's sang soared tae its braw endin that reaffirmed wha they were an whaur they were, an that thegither they wad thole, and owercome.

*An there's no a bonnie flouer that springs
By fountain, shaw, or green,
There's no a bonnie bird that sings,
But minds me o' my Jean.*

Wullie and his wife Jenny steyed in Standalane Street at the bottom o the toon. They had brocht up eleiven bairns an had tint twa lang syne, whase memory still haunted thaim, Jenny especially when she woke up at nicht and wantit tae cuddle thaim an feel thaim cooryin in tae her warm body. The Kays an Jenny's ain faimily the McMurrays gaed back generations as maister masons, fairm workers, ploumen, wabsters an soutars. The latter child wis by chance a Davidson fae doon Carrick wey, an that gied rise tae the story that the Kays were sib tae Soutar Johnnie himsel, the maist famous drunkard in Scottish leiterary history. Wullie wis steeped in that history an made siccar that ony wean that cairried his name wad ken whit he kent. His favourite grandbairns were wee Joanna, Catriona and Euan, aw gleg and open ee'd when it cam tae absorbin the stories he telt thaim.

Mind ye, they were aff tae a guid stert wi thir names that he had suggested himsel: Joanna wis fae lady Joanna Keith wha belanged Gawston awa back in Bruce's day, when her man William Keith accompanied the Douglas on his campaign tae tak Bruce's hert on Crusade against the Moors in the Holy Land. They got as faur as Andalucia whaur the Scottish knights focht a Moorish force that had come up fae Granada an met thaim at Teba. The hert o Bruce, happit and enclosed in a wee strang kist, wis cast aheid intae the breech by the vangaird o the Scottish chairge against the Moorish sodjers. Efter the battle, it wis recovered by William Keith an brocht hame tae Scotland whaur it wis eventually fund steekit in the foonds o Melrose Abbey tae gaird fae the fremmit forces o the English. The hert wi a mailed fist is shawn in the burgh airms o Gawston tae this day.

Catriona's name cam fae the heroine o Robert Louis Stevenson's buik o the same name – Wullie haed aye lued his tales o Scots in fremmit airts an this ane wis pairtly set in the Laigh Kintraes that haed a connection tae the Valley through the skeely wabsters that brocht their skills here lang syne, gien us eventually the wool, linen an fine cotton madras an lace wark the area wis famous for. The Valley wis thrang wi Flemish an Huguenot names – no jist the obvious ane o Sir Alexander Fleming, whase fowk cam fae Derval, but ither anes like Scade, Howie an Gebbie – the names o boays he'd played fitba wi as a boay.

Euan wis named efter Ewan Tavendale fae the great Scots Quair triliogy bi Lewis Grassic Gibbon, that he'd gotten as a schuil prize himsel as a teenager at Gawston High Schuil, and it had chynged his life forever wi its insichts intae the experience o young yins growin up an facin the warld bein bilingual in Scots and English...

"you wanted the words they'd known and used, forgotten in the far-off youngness of their lives. Scots words to tell to your heart, how they wrung it and held it..."

Wullie lued it when he took the weans on his lang stravaigs through the toon an ayont it intae the douce green rollin hills that surroondit Gawston afore the landscape flattened oot on the road tae Killie alang the Lang Leuk an aside the Irvine watter, on its windin road bye Loudoun Kirk an on tae Hurlford an Crookitholm. There he telt thaim aboot hou the boay William Wallace had been guddlin for troot alang the watter at a place cried the Bickerin Bush at Riccarton an hou English sodgers fae the occupyin airmy o Edward I cam alang an demandit that he gie thaim the fish, or he wad get himsel intae bother. Wallace gied thaim laldy instead, took thaim on in a fair fecht an lowed the flame o justice for his people in their herts. For Wullie, the story o Wallace wis tied in wi his ain granfaither wha like him had wrocht doon the pit, an tholed the breathin deifficulties maist miners had, an deein o pneumoconiosis afore Wullie really kent him. The anely memory he'd had o his ain granpa Kay wis seein him sittin on the banks o the Irvine on the ither side o a bush growin there. "Luik, luik," he had shoutit tae his wee sister Nan, "there's granpa sittin inside a bush."

When he brocht the weans back hame fae that dauner, it wis aye tae the wee hoose in Standalane Street whaur they got tea an hame-made teabreid wi butter an raspberry jam, an got the story o Wallace when he wis a man an leadin the fecht against the English occupiers. The story o hou the street got its name cam fae a local legend that some o Wallace's follaeers ran awa when they heard tell o a muckle platoon o English sodjers in an airt nearby, and they got flegged an ran. Wallace himsel though wadnae be a "traitor knave" and stood his grund wi the words "I stand alane!"

The ither airt wi connections gaun back tae the Wars o Independence wis the Baur Castle – a kenspeckle Touer Hoose that had stood there for hunners o years an had bieldit Wishart an Knox at the time o the Reformation in the 1500s, as weel as Bruce an Wallace in the 1300s. Ae legend had Bruce imprisoned there, but wi the help o a local lassie he had escaped an sclimbed doon a muckle yew tree that grew nearby an stertit aince again the fecht tae leiberate his kintrae. We dae ken for a fack that the king wis in Gawston afore the decisive Battle o Loudoun Hull, that monie think wis a turnin point in Bruce's and Scotland's fortunes, as fae then on they realised they cuid tak on the micht o England and win. Wullie had read Barbour's Brus lang syne an wis delichted when he cam across the lines referrin tae his hame toun:

The King lay in-to Gawlistoun
That is rycht evyn anent Lowdoun.

Loudoun pairish wis jist across the Irvine fae Gawston, sae when he took wee Catriona ower the muckle brig an telt her she wis noo oot o Gawston an intae Loudoun, an oot o Kyle an intae Cunninghame, she wis aye eident tae tak in mair an explore the kintrae roon. He taught her tae sing Loudoun's Bonnie Wuids and Braes by the Paisley bodie

Tannahill, wha veisited the area at the time Loudoun Castle wis cried the Windsor o Scotland. He shawed her the tree whaur the National Covenant had been signed in 1643 an telt her stories fae that time aboot hou the local fowk fled fae the dragoons o Claverhoose an survived up on the muirs whaur they got the name o the hill folk, or black nebs, acause o thaim survivin by eatin wild brambles that stained the skin o their hauns, mous an nebs daurk purpie an black. At hairst time, the wean an him wad gae alang the kintrae lanes abuin Gawston an wale the juicies brambles for eatin there an then, or whiles for takin hame tae mak jam.

Faurer alang the Irvine wis whaur Patie's Mill had stood back in the early 1700s an whaur the poet Allan Ramsay glisked a braw lassie daein her darg in the park aside the Mill as the chiel wis passin by on his wye tae seein a local laird. Wullie's sister Mary sang the sang like a lintie, an tho Wullie cuid only sing it like a speug, he cuid haud the tune an pass on the words for Catriona tae sing it like a lintie. When she did an raised her heid up and sang... weel, for a while ye were transported back in time tae a het simmer's day in the same airt lang syne:

> The lass o' Patie's Mill,
> Sae bonnie, blythe, and gay,
> In spite of a' my skill,
> She stole my hert away.
> When teddin' oot the hay,
> Bareheidit on the green,
> Love mid her locks did play,
> And wanton'd in her een.

Meikle later in his life, he saw Catriona sing it as a young wumman at the waddin o a Grand-niece. Noo she had the flashin daurk een that that wanton'd and blintered bricht in the herts o aw the boays watchin, an there wisnae ane o thaim watchin that didnae gree wi the wey the poet brocht the sang tae its joyous endin...

> Oh! had I aw the wealth
> Hopetoun's high mountains fill,
> Insured lang life and health,
> And pleisure at my will;
> I'd promise, and fulfil,
> That nane but bonnie she,
> The lass o Patie's Mill,
> Should share the same wi me.

The air she sang it tae wis perjink and gleg and garred ye smile and tap yer feet – nae wunner it had been ane o the sangs that made Ramsay's musical play The Gentle Shepherd sic a resoondin success when it played in London an stowed oot theatres lang syne, when "Scotch Songs" were in vogue an the heicht o metropolitan fashion. Catriona lauched at the idea of her singin a hit sang fae the charts o the 1750s!

Aw that Wullie kent aboot the Valley, he had inherited fae the oral tradeitions in his faimily or fae books he got oot fae the local library or whiles fae the Dick Institute in Kilmaurnock. The bus fae Gawston tae Killie drapped ye aff jist afore the biggin, sae ye were surroondit wi shelves thrang wi books in meenits. He mindit aince comin across a book cawed The Scottish Insurrection of 1820 an jalousin it wis maybe somethin tae dae wi the Hielan revolts. He wis dumbfoonert tae realise it wis aboot the wabsters in the like o Strathaven wha had cairried a Saltire wi the auld Covenantin slogan "Scotland Free or a Desert" emblazoned upon it, as they mairched tae meet the militia o a British state determined tae ding their radical ideas doon.

He couldnae believe it when he read that a baund had been arrestit in Airdrie for playin 'Scots wha hae wi Wallace bled'! Whit he lued maist aboot the book though wis that the Friens o the People had plantit the Tree o Liberty in Gawston itsel, an that the names o the fowk that did it were the great great grandfaithers o fowk he grew up wi in the toun. Bein Scottish an bein radical were the twin tradeitions he identified wi. He loved the quote by the English radical reformer William Cobbett when he cam tae the Valley an met the local haundloom wabsters back in 1832. "Oh, I would go a thousand miles to see the look of these Scotchies... especially at New Milns."

He wad hae preferred it if Cobbett had mentioned Gawston raither than Newmulls, but he wis aw hert, an he wad gie the Newmulls yins this wee moral victory! Whit aw this proved though wis that there wis a fantastic history an leiterary history in the Valley, and yet haurdly ony o it wis taught in the schuils when he wis growin up. This is why he wis eident tae pass on his culture tae his grandweans. He felt that whit had been negleckit an whit he had gotten fae stories aboot his pairt o the warld fae aulder fowk and fae books were the core o his culture, the core o his bein, the core o himsel.

Kennin this even took them oot o Kyle an intae the big wide warld. While ither young yins were feart an thrilled tae read the eldritch stories o Edgar Allan Poe or watch wi glowerin een the frichtsome depiction o stories like The Pit and the Pendulum when they gaed tae the picturs, his grandweans kent that Poe had steyed doon the watter fae Gawston at Irvine wi his Allan relatives when he wis jist a wee impressionable boay. There he heard stories aboot the deid haein a string puit intae their white, white haunds inside the coffin afore the lid wis nailit doon. The string led tae a bell abuin the grave or ootside the crypt. This wis acause o the fear o premature burial, and stories o cadavers that fowk thocht were deid, waukin up in the smoorin space o their coffin an haein nae remeid, endin up stane deid. The bell gied thaim remeid if they werenae actually deid! That an the stories he got fae his Aunty Mary Allan in Irvine aboot the body snatchers in the toon that were in the pey o Glesga anatomists, wis eneuch tae lowe the imagination ae onybody, let alane ane wi the imagination o Edgar Allan Poe!

Irvine tae had its connection tae John Galt, wha scrievit Ayrshire quairs like Annals o the Pairish or the ane aboot a pawky Provost, but as weel as that he traivelled faur awa tae the middle o Canada, foondin the city o Guelph in Ontario, hame tae ane o that muckle kintrae's best universities. God, even yin o the maist gruppin Scottish novels o the 20th century, 'The Hoose wi the Green Shutters' had a Gawston connection. For although the story wis set doon in Ochiltree, the boay that scrievit it, George Douglas Broun, wis the illigitimate bairn o a servant lassie fae ane o the muckle dairy fairms abuin Gawston. The faither wis a walthy fairmer wha denied that he had ocht tae dae wi the lassie, an did nocht for her nor the bairn growin up. This garred Douglas Broun hate the establishment an socht tae destroy their couthy kailyaird version o life in Scotland by scrievin the daurk satyre o the muckle hoose and the bodies fae the veillage that oozed evil an commentit on whit wis gaun on in the airt, like the weird witches fae Macbeth, or the chorus in a Greek tragedy.

Because he had gotten nane o this in his ain education, he regairdit Scottish history an leiterature an langage as "bonnie broukit bairns" that needit heizin up tae gie thaim their richtfu place at the hert o the culture. He couldnae chynge society or fremmit educational ideas owernicht, but he could affect the wey his weans an grandweans saw the warld, an through him there wad be nae negleckin by thaim o this blinterin gowden seam at the core o his culture an his very bein.

Despite it bein sair negleckit amang the unco guid, the elocutionally doun-hauden, the Scots leid deniers, an aw the puir sowels wi a permanent Scottish cringe, Wullie himsel had a guid conceit o the people he stemmed fae, an the chiels amang them that had taen notes an expressed their culture ower hunners o years fae Blin Harry an Barbour lang syne tae the likes o Willie McIlvanney fae Killie an Janice Galloway an Andra O'Hagan fae Cunninghame the day. They were wha he wis. But withoot doot, the wan that gied him the maist pleisure wis Burns himsel. Wullie kent that his ain raucle mither tongue wis the ane Burns lued an graced wi poetry an sangs that were sung roon the haill wide warld. He kent that the people he belanged tae had produced a world cless makar no only admired but enjoyed in aw the airts the wind could blaw.

No only that, he came in handy at tricky times when a bodie needit a wee haun tae get him oot o potentially embarrassin situation, whaur his personal ootcome cuid hae ranged atween fair affrontit tae gettin huckled bi the border polis an facin a hefty fine fae the Coorts. It happened at the port o Dover in the Sooth o England back in the early 1960s when Wullie an Jenny were on the road hame efter ane o their first holidays abroad. Their bus tour had taen thaim across the continent fae the bulbfields o Holland tae the castles o the Rhine an the pleisures o Paris. They had fair enjoyed it, and kent it wis jist the beginnin o years o thaim stravaigin across Europe.

Afore they arrived in the port they had stocked up at a muckle Duty Free shop whaur the prices o Wullie's twa major vices, cigarettes an whisky, dazzled his een an made him think tae himsel, "Whit wad be the hairm in slippin an extra wee carton o fags or an extra bottle o the craitur intae ma muckle holdall – aye it wis preuch, but ye wadnae gae tae the jyle for it, wad ye?" The latter wis a rhetorical question, for he wis feart tae mention it tae Jenny, wha wis douce and wice in guid meisure an wad hae stopped him fae daein nonsense. Houever, Jenny wis blissfully unawaur that they were weel ower their personal allouance as she follaed her man wha wis breengin wi a confidence he didnae hae in his heid through the muckle Customs Hall. Just as he got tae the doors at the end o his lang walk tae freedom, an jalousin that he had got aff wi it... a raither dour luikin Customs mannie cried him ower an said, "Excuse me Sir, could I have a look inside your bag, please. It's just a formality."

"Oh naw, mammy daddy," thocht Wullie tae himsel as he froze in mid-breenge, syne heized his bag up on the trestle table. Afore he opened the bag, the Offeicial said, "I see from your luggage label, Sir, that you're from Ayrshire. Is it Kilmarnock?" Takin in the man's accent, Wullie reponed, "Naw Sur, A'm fae a wee bit faurer East." "Oh," said the chield, "then ye micht jist ken this," an proceedit tae declaim the openin lines o the Rabbie Burns poem The Holy Fair...

"Upon a simmer Sunday morn
When Nature's face is fair,"

Wullie smiled, said "Oh, aye," an they baith continued in glorious cronie unison thegither:

"I walked forth to view the corn,
An' snuff the caller air.
The rising sun owre Galston muirs
Wi' glorious licht was glintin;"

By then the haill Customs Hall wis at a staund-still in wunner at sic a sicht and soond, as the twa lads that, like Burns, were born in Kyle, peyed homage tae their bard and their cauf kintrae wi its rowin green hills an vales....

"The hares were hirplin down the furrs,
The lav'rocks they were chantin
Fu' sweet that day."

Richt on cue on the last line, the Customs Boay liftit his chalk an puit three muckle crosses on Wullie's bag – Fu' Sweet X that X day X. He wis free tae go, his preuch wis intact, he'd been a total chancer but had gotten aff wi it, an life wis guid. As they heided oot tae board the bus, Wullie said oot lood tae the English couples fae the tour, "Whaur's yer Wullie Shakespeare noo?" Jenny hadnae a clue whit he wis oan aboot, but she recognised that wee twinkle in her man's ee an lued tae see it, tho she kent fine weel he'd been up tae somethin no quite sleekit, but definitely on the dodgy or debateable side o richt an wrang!

Bully Boays

When he wis a wee boay oot in the back gairden o his cooncil hoose, an greetin his heid aff aboot some imagined wrang that wad only be richted by sweeties, his neebour Annie spiered at his braw mammy gin she cuid dae ocht… sae for respite fae a toddler's thrawn unreasonableness his mammy heized him up tae the tap o the hedge whaur Annie claught him warm an couthy, an liftit him ower the hedge an intae her back green. Sweeties were admeinistered immediately, reasonableness wis restored, an the wee boay took in his new surroondins in Annie's livin room wi wide een an wonder: on the wa a muckle graphic colour paintin o Jesus on the cross, wi bluid teemin oot his wounds in bricht primary colours; a wee statuette o a black St Joseph on tap o the polished dresser; a calendar wi nuns an African weans ootside an orphanage in the Congo. There wis also an image o a hoosie wi hills ahint it an a rocky beach afore it fae Sligo, an there wis aye a ticket for the Irish Sweepstake on the big table in the centre o the room.

His sait wis aside the lowin heat o a coal fire, an aside that wis a wee cabinet that wis thrang wi books. Annie wad tak the books oot, sit him on her knee, an pynt tae the words an read them oot lood, sae that he stertit tae recognise the soonds the shapes made, an that gied him a heid stert whan he gaed tae the primary schuil. He cuid read. Later when he stertit daein French at the high schuil, Annie wad gie him the wee blue paper-covered Hachette edeitions o Racine an Molière tae tak hame wi him. As a young wumman, Annie had gaun tae Glesga, tae Notre Dame college tae train as a teacher, but when her ain mither dee'd she had tae gie up her studies tae come hame an keep hoose for her brithers James an John, wha wrocht as miners at Sorn Pit. They were guid sowels tae, wi John especially a douce, saft-hertit but serious man whase kenspeckle talents helped monie local faimilies owercome scrievit bureaucracy, a fact that garred him become Provost o Gawston for monie's the year.

Gawston wis thrang wi Catholic Irish fowk that cam ower fae the West o Ireland tae the West o Scotland tae work in the Ayrshire pits or the Lanarkshire iron and steel warks, mainly in the last few decades o the 19th century. Whaur they competed wi local men for wark, they met opposeition an reseistance that aften wis gien expression in sectarianism. In a toon like Gawston though, wi its strang socialist values, whaur the wee local pits had been steikit forever efter the muckle conflicts o 1922 an 1926 an the miners had tae traivel awa tae Sorn or New Cumnock for their wark, there wis nae modren reason for conflict in the community. The boay's faimily had been brocht up in the Kirk, but didnae practice their releigion, sae they had a quiet admiration for faimilies like Annie Murray's wha still gaed tae Mass an felt their faith wis a source o guidness fae whilk they aften drew inspiration tae gie somethin back tae the community.

Sae it cam tae pass that when the boay wis wee and his

parents needit a baby sitter, Annie wis aye the first bodie they gaed til. Noo Annie wes wont tae gae tae the 6 o'clock Mass, sae the boay gaed tae. He mindit the bricht colours an the sweet reik o the incense an the theatre o it compared wi the Kirk, and if it wisnae for the kneelin doon bit that he couldnae get the hang o, he fair enjoyed it, an he kent fine that Annie wad gie him a sweetie or twa on the wey hame. The bonnie biggin itsel made an impression on the boay tae, for St Sophia's wis a Gawston sized reproduction o the famous St Sophia's kirk in Constantinople an wi its reid tiles an stane, luikit as if it belanged in a faur distant kintrae or a faur awa planet raither than Gawston.

The community up the scheme whaur we steyed aw belanged the workin cless, wi the majority belangin tae whit ye wad cry the respectable workin cless. They were aw Protestant an Catholic, Scottish an Scots speakin wi ane or twa Polish faimilies fae the time o the War an even wan exotic English faimily, tho their braid Geordie tongue made them belang easily tae the culture o the majority. Because the bairns wis separatit intae different schuils fae the age o five onwards tho, there wis a growin realisation that the solid community feelin could come unner pressure if things gaed wrang, an yer neebours regairdit as belangin anither tribe. This happened tae the boay when he wis aboot seiven year auld an got intae a fecht wi the weans fae a faimily fae faurer doon the street, wha happenned tae gae tae the Catholic schuil, sae they werena really weel kent by the boay or his pals. Stanes were thrown an insults shoutit in a Loudoun Avenue staund aff that lastit nae mair than hauf an oor. Later that day, the boay went tae see his frien Annie, and as she wis dishin him oot his sweetie, or his pancake, or his scone, or his sponge, for she wis ane o the best bakers in Gawston, sae weel worth keepin in wi - he telt Annie in confidence, "I dinnae like thae Catholics doon there, Annie, they're no nice, an they chuck stanes at ye." Annie took it in, saying no a word at aw and gied the wean his treat.

Houever, a few days later when the boay went back tae Annie's on a veisit, wha wisnae also veisitin that day but the pairish priest fae St Sophia's, Faither Donnelly. As Annie gied the boay an the honoured guest a wee plate wi a warm, reekin, rich hame-made griddle pancake smoored wi meltin butter an runnin wi damson jam, she announced wi a smile an a twinkle in her ee, "This is the boay that disnae like the Catholics, Father!" Kennin instinctively that he wis morally in a bad poseition an afore the priest could interject, the boay said quick as a flash, "Aye but no the big Catholics, Father, jist the wee wans!" They baith laughed an let him aff wi murder!

Fae then on though, yer friens tended tae be drawn fae boys ye run aboot wi at schuil, then played fitba wi efter schuil. Ye were still frienly wi yer neebours that belanged the ither releigion but ye didnae get tae ken boys an lassies that were ages wi ye. It wis a kinna passive apartheid o separate development. Ironically then, giein the frictions that existed in ither airts o the West o Scotland whaur the Irish an Scots had competed in the same labour mairket, the main active diveision the boay tuik tent o wis the yin atween the respectable workin cless an the ither fowk, wha cuid be unrespectable for a wheen reasons – getting fou an unco unhappy an causin rammies in the hoose an oot on the street, yaisin violence tae wives an weans, gammlin ony siller they had on the horses or dugs... or hatin their neebours because they were Catholic! The latter were gey few in nummer, and ironically monie o them had Irish names that had likely come ower fae the orange pairts o Ulster as pairt o the bigger Irish migration that wis maistly Catholic. In ither words, some o the Catholic hatin bigots ye come across had themsels been Catholic a generation or twa afore an had convertit in Ireland tae become pairt o the majority, wha hained and held on tae the poleitical pouer an by faur the best job prospects.

In Gawston, the majority fae the respectable community luikit doon on thir fowk an were embarrassed by their behaviour. The boay's faither regairdit thaim as scum. He also had a low opeinion o thaim for supportin Glesga Rangers raither than the local team, the Ayrshire Killie. He mindit gaun tae a cup final at Hampden whaur Rangers beat Killie and in the caur park efter the match, he sat dumbfoonert as the Gers fans in the buses opposite gied thaim the fingers an shouted the vilest obscenities at whit they cried "Fenian Bastards" in blue an white colours. While the boay sat in open mou'd an wide ee'd fascination o hoo orrie an ignorant they were, his faither sat readin his paper an totally ignored their existence. They were aneath him, so they were.

Sae while ither touns had a passionate Rangers v Celtic rivalry, the main fitba tension the boay experienced wis atween Killie an Rangers supporters an the kinna world picture they represented. As weel as bein sectarian, the low life faimilies provided the toun wi maist o its violence – the men an boys were muckle lumps, wha lued tae breenge an swagger an taunt an sneer at the fowk that didnae share their hatred – an as aften as possible tried tae draw folk intae fights whaur their muckle boukit braidness an size wad win the day for King Billy and his Gawston Bully Boays! The boay himsel had been bullied on the wey hame fae the schuil aince or twice bi a muckle daud o a deil-forsaken gaun bodie fae ane o the neanderthal faimilies, jealous o him for his intelligence, or his luiks or maybe jist even the unwaverin respectabeility o his faimily. Whitever it wis, it added tae the boay's disdain an dislike for sic an orra mob!

Noo, apairt fae kennin their innate superiority ower the sectarian eejits, there wis ae gowden opportunity ilka year durin the schuil simmer holidays tae shaw their superiority in a big grudge fitba match organised at Riverside Park aside the Irvine, atween the Killie supporters and the Rangers supporters. In nummers, there probably wisnae a big difference atween the twa, tho the sectarian heidbangers amang the Gers support tended tae produce muckle sumphs built for gairdin Derry's Walls or fechtin the Battle o Boyne Watter raither than producing silky fitba players in the Scotch Professor mould. If ye were a skeely winger that tried tae jouk by thaim, though, they wad breenge in tae the tackle wi their studs shawin, or jist body check ony wee bastart haein the baws tae jink past thaim. Awricht, I hae tae admit that they did hae some guid players as weel, an no aw o the Gers supporters were Catholic-hatin knuckle draggers... but why let that intrude on a story whaur Guid v Evil is a faur better narrative, an maist o the Killie boays saw themsels as Nobeility Personified resistin the

Undeid at the Yetts o the Toon.

And sae there cam a time ae simmer nicht in the lang gloamin licht, that the biggest grudge match in recent history wis set up. In a tense encoonter played in perfect condeitions, the Gers went wan up at the stert o the saicont hauf. The Killie heids didnae gae doon though, and inspired by a tall, fair-heidit inside forrit cried Gordon Aitken wi a wand o a left fuit, they equalised wi ten meenits left on the clock. Naebody scored in the rest o the ninety meenits, an wi awbody puggled an wabbit by their efforts, it wis decidit that the neist goal wad win the match. And sae as daurkness began tae dim the gloamin grey an Killie pressed forrit for a winner, the baw broke tae the boay ten yairds oot in the inside left poseition. He hut it first time low past the keeper an for the only time in his brief fitba career, he became an instant hero, wi the Killie boays divin on tap o him an the fans on the touchline gaun mental wi joy. Puggled nae mair, wabbit nae mair, forfochen nae mair, disjaskit nae mair, knackered nae mair... jist the sheer untrammeled joy o defeatin the Gers an garrin thaim haud their triumphalist wheesht! Jist for a wee while, it wis Bully Boays nae mair!

Valley Boays

If there wis ae thing in the haill wide warld that garred Wullie grue in later life, it wis when England hosted the European fitba championship in 1996 an everywhere ye gaed, aw ye cuid hear wis their dreich an dreary, wrangheidit sang "It's coming home, it's coming home, Football, Football's coming home." Ilka time he wis exposed tae it, it got his birse up, gied him the dry boak or jist scunnert him as yet anither example o English wankers appropriatin his history, claimin it as their ain, an blawin their ain trumpet roon the warld as the foondin faithers o jist aboot ilka sport in the history o mankind. Weel, they can keep their fuckin cricket, but they'll never tak oor fitba... for onybody that kens ocht aboot fitba kens that it wis Scotland that developed the short passin gemme that became modren fitba ower hunners o years afore thae pauchlin, posh, Etoneducated cunts at the FA formulated their rules in 1873... an had the cheek an the brass neck tae proclaim tae the warld that this wis the stert o association fitba. Lyin Basturts!

For fower hunner year afore they drew up their rules, based on the dribblin indiveidual gemme played in the closes o Harrow, Eton and Marlborough college, an act o Pairliament in the reign o oor king James II in 1457 stated:

"Item, it is decretyt and ordanit that wapinschawingis be haldin be the lordis and baronis spirituale and temporale four tymis in the yere. And at the fut ball ande the golf be utterly cryit doun and nocht usit."

Wullie loved that, the idea o the valley boays haein tae be coerced intae abandonin their fitba and their gowf ower thoner at Loudoun links, tae practice their wappens for fear o an English invasion! It shawed tae that ye couldnae trust thaim – back then it wis oor very land they wantit tae steal, noo it's tae appropriate everythin we created on that land an tae pass it aff as British or English, which tae thae dizzy bastards wis the same fuckin thing. Tweed, tartan, Aiberdeen Angus beef, haggis, brogues, even wur fuckin whisky nooadays wis getting draped in a Union Jack an selt tae the warld unner the unco fause premise that it's British! Aff coorse, they jalouse richtly that they'll get aff wi it, because o the nummer o sycophantic sooks amang the paircel o rogues in oor nation that hae been brocht up tae despise the culture o the kintrae that wrocht thaim

Thon wee nyaff Boswell ower in Auchinleck set the tone when he met that muckle Scots-hatin sumph Dr Johnson in Lunnon lang syne, an telt the auld bastard, "I dae indeed come fae Scotland, but I cannae help it." The auld cunt replied "That is something that many of your countrymen cannot help." Boswell jist took it, swallied the insult, an gied birth tae the Scottish Cringe that deaves monie north o Tweed tae this day. But no Wullie. Wullie yaised siccan examples o the cringe tae fecht against aw the sooks an sycophants an naysayers an chancers that were the last bulwark against the progress o his nation.

Fitba wis a guid stert. Fitba wis engrained in the culture o the area, and as faur as he wis concerned there wis a strang case for no jist Scots teachin the warld tae kick a baw, but for Valley Boays tae hae been at the forefront o takin the Scotch Professors' gemme roon the warld. Growin up, he had played matches regularly wi boays fae Derval and Newmulls wi names like Gold, Hamilton an Black whase faithers an granfaithers had wrocht for Johnston, Shields & Company, wha opened a curtain factory oot in Barcelona in the 1890s. They had shown him a photo o their granfaither's works team fae the factory cawed *La Escocesa* – The Scotswumman – an there they aw were, lined up wi their Escocés FC strips in Bonanova in 1899. They were pioneers o the beautiful gemme in Catalonia, sae when yin o the biggest clubs in Spain and the warld wis formed at the turn o the 20th century, guess whaur they cam tae for likely lads for their team. The fuckin Valley is whaur they come tae, tae cherry pick the skeeliest players fae Escocés FC.

The result wis that when ane o the first big Derby Matches wis played in the Catalan capital atween Barcelona an Hispania in 1901, ye had Hamilton, Gold and Black playin for Hispania while Black's brither, and a future provost o Newmulls, Geordie Girvan played for Barça. The boay Girvan wha had kent Wullie fae their schuil days had telt him stories fae his granfaither's time oot there, sayin it wis that new tae the Catalans that if ye did somehin gallus or fancy like score a goal wi an owerheid kick, the players wad actually stop an applaud – even the opposeition players were in awe o thaim. When Real Madrid came tae Hampden an bate Eintracht Frankfurt 7 – 3 in the European Cup final o 1960, yin o the first gemmes he had mind o seein live on televeision, he recalled the Girvan granpa's stories and thocht tae himsel wi pride... it wis boays fae here in Kyle that took their fitba tae Spain, an boay but they've learnit weel!!!

The same lace firm had opened up factories in America and Sweden tae, whaur they plantit fitba as weel. Anither Valley company had a factory in Denmark an they took fitba there. It wis weel kent in the Valley that the first gemme o fitba played in Gothenburg had been played atween workers fae twa textile mills, wan English, an wan Scottish... and aff coorse it wis the Scots boays fae the Irvine Valley that skelped the English pretenders and puit thaim in their place. Closer tae hame, local boys were pairt o the huge Scottish infiltration o the English gemme when professionalism cam in, again shawin hoo faur aheid o the locals they were in haein the engrained passin skills o a gemme gaun back centuries.

It wis weel kent that when Liverpool FC stertit aff, they were that thrang wi Scottish players that they were kirstened "the fightin Macs". Less better kent, ootside Derval onywey, is that ae street in the toon gied England five professional fitba players and that ae faimily in Newmulls, the Steels, providit Spurs wi its hauf-back line in season 1910-11. A peeved English commentator at the time, wha wis likely fae the posh schuil backgrun o maist o the early FA an scunnert bi the takower o their dribblin aristocratic gemme an its replacement by the skilfu passin gemme o the Scotch professors, scrievit in a newspaper coverin a match, where he looked doon upon "the populace of an English town become frenzied with delight over the victories of 11 hired Scotch players!"

It wisnae jist playin the gemme that wis at the core o the culture. Fitba wis ingrained in the leid they spak as weel. A totie wee ootside left wad jouk past a muckle hullockit richt back wha got his timin wrang an wis left sprachlin in the glaur as the winger puit in a great baw that the centre forrit heidit intae the back o the net, blootered ower the baur, or sclaffed by the post. When he wis wee, Killie had a back cried Matt Watson wha personified the Scots word breenge. Matt breenged intae ilka tackle as if it wis his last. The ither back he kent fae the same era wis Bobby Shearer o the Rangers an he wis o the same ilk – built like a square tank, muckle boukit, bawrel-kistit an, like Matt, makin a leivin breengin intae tackles that wad fleg the mair delicate sensibeilities o baith players and fans the day.

Shearer had a Gawston connection tae, as he'd bocht a bus wi a pal o his fae the toon cried McNair, and aften cam tae veisit him up in the scheme whaur Wullie steyed, in Portland Road next tae the wee park whaur the local boays had gemmes o five a side fitba, yaisin their jaikets as goals. Wullie had chapped the door when Bobby wis veisitin the McNairs, an wis invitit in tae meet him an get his autograph. No only did he dae that, but he said he wad tak the book intae Ibrox and get aw the boays in the first team tae sign it. He did, an brocht it back tae a chuffed wee boay, twa weeks later. The neist time his faither tuik him tae Rugby Park for a Killie v Rangers match he even forgied the Gers fans momentarily for their Fenian this an their Papish that, an their cries o No Surrender when Bertie Black put Killie wan up… but he wis fair-trickit an chuffed tae see thaim gettin huckled bi the polis an oxtered oot o the grund when they couldnae thole their team gettin beat at the end, an stertit lashin oot at their ain, an the hame supporters on the wey oot.

The ither strand that gied him pride in his fitba heritage wis the minin ane. Growin up, three o the maist kenspeckle an successfu managers in Scottish and English fitba history cam oot o the same minin backgrun as himsel – Matt Busby, Jock Stein an Bill Shankly. Shankly aye tellt the warld it wis the Burns-recitin, socialist-mindit, miners raws o Glenbuck on the Ayrshire/Lanarkshire border that gied him aw he needit tae manage men an gie thaim a sense o solidarity an community. In later life in a televeision documentary luikin back on Shankly's byordnar influence on Liverpool and British fitba, they yaised words fae a Burns poem for the title: *Nature's Fire*. There couldnae hae been ocht mair appropriate as it cam fae Burns's poem Epistle tae J. Lapraik, a fellae makar fae Muirkirk, no that faur fae Shankly's Glenbuck:

> Gie me ae spark o' nature's fire,
> That's a' the learning I desire;
> Then tho' I drudge thro' dub an' mire
> At pleugh or cart,
> My muse, tho' hamely in attire,
> May touch the heart.

In the programme, it shawed Liverpool fans makin a pilgrimage tae the ghaist minin veillage o Glenbuck, cut against the thoosans thrang on the muckle swayin brae o the Kop in Anfield singin his name. Gey few in warld fitba, praisent or past, had touched the hert o fowk mair than Bill Shankly.

Like maist Scots o his generation tho, Wullie had had tae come tae terms wi the fack that although it wis his fowk that had taught the warld tae kick a baw, the fowk they had taught lang syne were noo kickin and heidin the baw better than the Scots were. Fae São Paulo in Brazil wi the Scottish Wanderers tae Barcelona in Catalunya wi the Valley Boay pioneeers, aw thir kintraes were noo better than us at playin the gemme Wullie's fowk had invented. Even the fuckin Roushians were batin Scotland nooadays whauras in the past ye had Scots boys scrievin aboot hoo they had never even managed tae get the Roushian peasants tae heid the baw! Noo the teuchters an chantie wrastlers an peuchs fae Sytcheffka tae Siberia were heidin the baw past the Scotland keeper at Hampden an keepin us fae qualifyin for Warld Cup finals whaur we belanged... if only for whit we did lang syne.

Och weel, thocht Wullie, if things arenae gaun the wey they should the day, at least I can help fowk tak tent o oor richtfu place in the history, an mak siccar that as monie fowk as possible at hame and ayont Scotland in ither airts can be leirit aboot oor role in the spreid o the brawest gemme in the haill wide warld. Noo that wis fine for Wullie jist noo in the short term. He wis a firm believer in the auld Scots saw *Thaim that Tholes, Owercomes* that he had seen cairved in bonnie gowden letters abune a doorway in ane o the auld burghs ae time. They wad thole, an they wad owercome, he kent that fae the bottom o his hert. But he also had a dreme whiles that deaved him, cos he had tae wake up fae it. But it also gied him meikle pleisure, for in it, aw the wrangs o the Tartan Army were richtit, an we finally fulfilled oor fate, dree'd oor weird, an determined oor destiny in the greatest international gemme since thon first historic match in 1872 when we skelped the English in a 0 – 0 draw in Partick, an sent them hameward tae think again!

The Dreme gied him a gemme o sic perfite pulchritude, it wis lik a reel rinnin on his mind ilka day sinsyne. Scotland played in the crew neck tap they wore back in 1967 when they bate England at Wembley, but the team seemed tae hae aw the greats fae different eras playin at the ae time an wi the ae purpose. Wan meinute ye had Eric Caldow blockin an England attack, the neist ye had Andy Robertson rinnin intae acres o space like a gazelle an pittin in a whuppit cross that had the Law man lowpin like a salmon an noddin it past Clemence. Ye had the muckle yellae-haired laddie Colin Hendry winnin ilka bluidy-heidit battle wi Terry Butcher wha wis apoplectic wi rage an imperial angst. We had Dave McKay and Billy Bremner breengin an battlin tae win the baw back ony time it wis won bi an English forrit. Bremner wis controlled radge personified, like a mad dug wi a bane wha didnae lat the opposeition play. He got the saicont in a six yaird box stramash when he sclaffed the baw through John Terry's legs... an redeemed himself finally in Wullie's een for missin the sitter against Brazil in Frankfurt back in '74.

Jimmy Johnston didnae jist jouk and jink that day, he tortured thaim, then gaed back an tortured thaim again. Gerrard an Gascoigne were baith greetin wrecks cryin oot for their mammies when Jinkie got the baw. An the man puin it aw thegither, an creatin spaces on the pitch as wide as the steppes and as lang as the Pampas for the creative players, wis the Ghaist himsel, John White, resurrected for evermair fae his dowie daith lang syne and personifyin the skeely Scots Professor for mair than a lifetime. Scotland's third came when McGinn robbed the wee nyaff Sterling on the centre circle an slid a pass through tae Dalglish wha yaised his erse tae shield the baw, shimmied a yaird tae the richt an arched a perfect shot past Woods in the top left-haund corner o the net. The fourth came when Gemmell dribbled past three hullockit muckle bruits an airted it past the keeper wi nae bother at aw.

When Wullie first experienced The Dreme, he wis usually at the match himsel, but whiles his viewpynt gaed fae the Sooth Staund at Wembley tae watchin it on the telly. Bein there wis the nearest tae heiven on earth a Scotland fan wis ever gonnae get, but on the telly the sicht o English commentators lowpin aff the gantry at hauf time raither than haein tae comment on the nichtmare they had jist witnessed wis an added bonus, he had tae admit. Ilkane o thaim, as they aye dae, predicted an Engerland win by a barrowload o goals sae tae see thaim stumm wi radge fury, or lyin on the gantry flair an roarin an greetin an kickin their wee heels and slammin their wee fists wis a sicht for sair een tae behaud, an when they stertit lowpin aff the gantry when aw hope had gaen, weel, that wis extremely satisfyin. Ferdinand... lowp! Shearer... lowp! Lineker... lowp!

Wi Scotland fower nuthin up, Baxter stertit playin keepie uppie in the corner and wis aboot tae sit doon on the baw in a show o West Fife gallousness, when Law rin ower an took the baw fae him, run at the wreckage o the English defence spreid oot afore him, gaed bye wabbit Styles an puggled Beckham, an roondit Shilton syne raised his airm in triumph tae the Tartan Army thrangs on the terraces AFORE blooterin the baw intae the back o the gowpin net.

When Wullie wis richt auld an luikin back on his life, he wad relive the Dreme by tellin his grandweans aboot the great players he had seen and the great tradeition they belanged tae. But even sweeter than relivin the Dreme wis relivin the day, Scotland finally voted for its independence an restored itsel tae its richtfu place at the hert o Europe. That wis back in 2027, though it seemed jist yesterday. That had brocht an undeemous amoont o benefits tae the nation, wi Europe walcomin us wi open airms efter we ditched Brexit Britain an the Little Englanders that had it and us in thrall. Oor leids were gien status, oor culture wis cherished, an oor economy wis on the rise bein pairt o the Single Mercat wance again. Aw this wis great an gied the fowk o Wullie's generation a muckle heize up in speirit as they saw Scotland becomin a normal, walcomin an douce kintrae aince again.

But dae ye ken whit wis ane o the best benefits o the end o the "wanchancie covenant" as he'd seen the "unfortunate union" descrievit in an auld document? It wis the fact that the propaganda machine o the British state, the mainstream media wis finally steikit doon in Scotland, and we wad never, ever, an I'll say it again, for it souns sae douce in ma lugs... an we wad never, ever hae tae listen tae 'It's Coming Home' blarin oot on oor radios, or thole seein thoosans o reruns o the goal that never crossed the line for England against Germany, or be deaved by the phrase "they think it's all over" ever a-fuckin-gain. Never, ever, a-fuckin-gain. Tae paraphrase the auld Scots and Gaelic sayin, we had been "too long in this condition", but it was finally all over for the British State, and Wullie wis gey happy wi that state o affairs as he luikit back on the guid fecht he had focht an the prosperous kintrae he saw flouerin noo on the warld stage. Oh, an the national fitba team wis noo qualifyin regularly for the European and the World Cups. Thae Valley Boays lang syne had stertit somethin, an their descendants were wance again shawin awbody that it wis the Scots that taught the warld tae kick a baw.

Gammin Aw Ower the Warld

We're gammin, gammin, gammin, gammin aw ower the warld.

The immortal words o Jackie Copeland fae the Coonty Scheme that wis pairt o Gawston, but wisnae quite pairt o Gawston. The scheme had been built by Ayrshire Coonty Cooncil raither than the Burgh o Gawston an had aye hoosed folk fae the kintrae an faimilies fae the likes o Poland wha steyed on efter the war. It seemed aye tae hae a higher quota o bampots leivin alangside the respectable workin faimilies, an that gied it its reputation o bein slightly ayont the pale!

Jackie wis a bampot, a gomeril, a chancer, a thowless tink and a wabbit waster, an apairt fae a leal devotion tae his maternal grandmither wha had raised him awa fae the drucken chaos o his ain hoose, he didnae hae muckle gaun for him in the realm o human guidness. He wis also a wide boay wi a taste for Eldorado, Lanliq and VP, a connoisseur o the aulder fortified wines he'd gotten fae his faither an uncles when they were oot at the Pitch an Toss gamblin schuil that thrived in oot-the-wey airts on Sunday efternuins. Jackie luikit doon on the younger yins whase bevvy o choice wis the Buckfast that got ye buzzin wi high doses o caffeine, and made thaim gae radge when they hit the toon on a Setterday nicht. Naw, Jackie liked the electric soup wi a wee blast fae the whaccy baccy tae keep him gaun. It wis at a big joint smokin session wi his cronies in Catherine Drive that he came up wi his wan and only contribution tae Scottish culture, his wan totie chuckie stane on the cairn o Scottish leiterature that he puit there when they were listenin tae a Bob Marley LP blarin oot fae an auld Dansette record player. The sang wis "Jammin" but Jackie turned it intae "Gammin", an Ayrshire anthem in praise o oral sex:

We're gammin -
Tae think that gammin wis a thing o the past;
We're gammin,
An Ah hope this gam's gonnae last.

The boays laughed their heids aff an sung alang wi Boab and Jackie in a Coonty Scheme choir o blootered bampots:

We're	gammin,	we're	gammin,
we're	gammin,	we're	gammin,
We're	gammin,	we're	gammin,
we're	gammin,	we're	gammin;

Hope yez like gammin, tae.

Oral sex wis never faur fae Jackie's addled harns because, basically, he rarely got it, an he had never gien it! He wad never hae admitted tae the former, but maist o the radge bastards he hung aboot wi wad likely hae had the same nairrae sexual parameters as him hissel as faur as giein pleisure tae lassies wis concerned. Lassies, in their wee boayzone, werenae for winchin, nor winchin strang, nor "Gaun Steady" nor getting engaged, nor getting mairrit an bringin up weans. Naw, pure an simply, lassies were for ridin. They yaised the same word tae descrieve a lassie that wis sexually attractive – she wis a ride! "Can ye imagine ridin that?", Jackie said tae Gordon aboot the lovely Leezie Lindsay, a sonsie quine wi roguish een that garred the boays' fantasies gae intae owerdrive. Her desirability wis enhanced when Gordon brocht a copy o a book fu o dirty poetry tae ane o their sessions ae nicht, an recited a verse Burns had scrievit aboot a lassie in Mauchline, jist ower the hill fae Gawston on the road tae Dumfries. The fact that their ain sonsie Leezie Lindsay soondit awfu like young Burns's fantasy lass Leezie Lundie fired their brains an heated their veins.

> An ken ye Leezie Lundie, O.
> the godly Leezie Lundie, O,
> She mowes like reek throu aw the week,
> But finger fucks on Sunday, O.

Thir images o Leezie Lindsay gettin ridden by wan o them and then pleisurin hersel thereefter were eneuch tae keep them gaun in wankthochts for a guid lang time, an that meant that they saved a fortune on nude books and magazines. Naewhere in their imaginations tho, were ony thochts o mutual pleisure been gien or taen by men and weemen fae wan anither. In their heids, gammin wis jist an acteivity indulged in by consentin lassies wha sang wi relish:

"We're gammin, gammin, gammin, gammin aw ower the warld,"

Jackie, though wad settle for a gam in Gawston. Bein on the edge o the kintrae, there were plenty o places tae go if ye cuid persuade a lassie tae lea the nosy neebours o the Coonty Scheme ahint ye, an dauner up tae the Baurwuid whase trees gied ye bield an privacy fae roamin een on the lang, lang gloamin grey nichts o simmer. But maist lassies preferred the safety o the daurk coarners o the Pictur Hoose for their winchin, an the fear o getting pregnant in thae days afore the peil wis widely yaised, made shuir that there wisnae a lot o ridin available for boays that werenae committed tae whit ye'd cry nooadays a "lang term relationship". Houever, it was Rides raither than Relationships thir boays wanted.

There wis somethin buried deep in workin cless culture tae, that gied the boays a warped an squeejee perspective on relationships atween the sexes. Jackie's grannie, Mary, had brocht him up wi stories o the miners raws. When she wis a young lassie, she mindit cleanin oot the coal fire an syne black-leidin the grate roon aboot it. It wis spotless an shinin when her twa muckle lumps o brithers cam in fae the pit, sat doon at the ingle neuk an proceedit tae puit their clarty, coom-ladened pit buits on tap o her shinin grate. When she shouted ben tae her mammy in protest, her mammy cam through, an insteid o gien the brithers a row, she turned on Mary sayin, "Lea them alane, hen... as lang as the boys get their pleisure, awthin's fine. Ye can redd up efter them an gie the grate a dicht wi a wat cloot." So much for female solidarity! *As lang as the boys get their pleisure* cuid hae been a slogan or motto for generations o miners' mammies and wives. The weemen jist had tae thole it an puit up wi a warld that wis gey ill divided.

Yin o the results o this wis an orra coorseness in the wey boays like Jackie talked aboot weemen. Oh, aye, their mithers or granmithers were puit on pedestals an whiles worshipped as Godesses as lang as they cooked their tea an washed their claes for thaim. If they had sisters they micht be semi-deified in the same wey an for the same reasons, but the majority o females surroondin thaim werenae gien the respeck they deserved by thir boays. And it wisnae juist the young yins – he had heard stuff fae auld cunts like Jock Nimmo an Andra Muirheid that even he fund offensive. Wance in July month at the gaitherin place o the Fower Coarners doon the toon, some young lassies gaed past in licht simmer frocks. Andra made a comment aboot whit he wad like tae dae tae them, gien ony opportunity. Luikin at the ugly auld cunt wi some distaste, wan o the younger men, Gordon Yuill piped up, "Are they no a wee bit young for the likes o you, Andra?" Andra's reply garred thaim aw grue tae this day. "As faur as me an Jock are concerned, Gordon, son, if they're auld eneuch tae bleed, they're auld eneuch tae butcher, am I richt or am I wrang, Jock?" Jock's een luikit doon, but he kent he couldnae go against Andra, or he wad get his ain back on him, probably through violence, cause he wis a hard bastard. "Aye, Andra," he chuckled, "ye're fuckin richt, there!"

The younger men shuffled their feet in embarrassment as the three wee lassies, thirteen or fourteen year auld at maist, flichtered up Wallace Street on the road tae the matinee o

West Side Story at the Pictur Hoose, geeglin an daffin wi yin anither an fortunately haein nae idea o the vileness o the slaiverin auld fuds at the Fower Coarners. Misogyny wisnae a word they wad yaise for anither forty year in the future, an it wisnae a concept the men were awaur o at the time. They indulged in it but they were anely awaur o it if it touched wan o their ain lassies, an then retribution cuid be swift an involve ony boay that wranged their lassie gettin a guid kickin or haein their heid in their hauns tae play wi.

Ootwith that scenario, they jyned in it thaimsels. It wis pairt o the patter an the banter o communication atween groups o boays. He mindit ane o his favourite jokes that he'd heard fae a local fairmer when he'd duin a bit o wark for him at the time o the tattie howkin. The fairmer had begun by sayin, "There wis an auld bull an a young bull staunin haein a blether wi wan anither at the bottom o that field ower there. Luikin up tae the tap o the hill an seein maybe twinty braw, broon an white Ayrshire mulk kye up there, the young bull said tae the auld bull. 'Dae ye fancy takin a rin up there an bullin ane or twa o thae coos, auld yin?' The auld bull reponed, 'Naw, son, I fancy daunerin up there… an bullin the lot o thaim!'" They baith killed themsels lauchin at the daftness o the young bull an the wice advice o the auld ane!

Jackie lued as weel the story o a worthy fae the Coonty Scheme cried Mamie Tierney wha wis weel kent for her likin o male attention fae a wheen o pairtners ower monie years. The story daein the roons wis that Mamie an her latest man had gotten theirsels that roozed up an radge at wan o their ridin sessions up on Margaret Avenue, that Deke (45), o 33 Margaret Avenue, the boay, had bitten aff the nipple on

Mamie's left breist. The story wis that she wis rushed tae the hoaspital, but when she got there the doctors decidit no tae shew it back on – it had been that badly chowed by sae monie men ower the decades, that it jist wisnae worth their while! Jackie wad tell that story wi glee, but aye greet Mamie wi a sideweys nod o the heid when he passed her on the street... an he never ever aince felt hypocritical.

I realise noo that I've taen ye a lang road fae gammin, but let's gae back tae oor tale an discover hoo the best gam in his life wis a transformational, awmaist transcendental experience in the life o Jackie C. The ither sang he lued at the time wis by an American chanter cawed Scott Walker, wha had owerset it fae the French o a Belgian boay cried Brel, and it wis cried 'Jackie':

> If I cuid be for jist wan wee 'oor,
> gin I cuid be for an 'oor ilkie day
> If I cuid be for jist wan wee 'oor, a cute –
> cute in a stuipit erse wey

The transformation o Jackie Copeland cam when he wis able jist tae be for mair than an oor o bliss, oot unner the green canopie o the Baurwuid ae saft Mey soiree when the wather wis douce, the speugs an mavies were singin amang the trees and the whaups wad sing wi whirrin wings oot on the muirs. There an then, Jackie spent the furst o monie o the sweetest oors that ere he'd spend wi a lassie that wis wicer an bonnier than he wis, an decidit acause o his cheeky grin an curly pow that she wad tak him on as a direck improvement project... an decide, weel, fuck it if she didnae succeed.

Her name wis Eilish an she cam fae a faimily wi the black hair an blinterin blue een o an Irish clan that inhabited Gawston an the Valley cried McDill, wha'd come ower wi the first wave o Irish migration back in the 1860s. She wis mair than jist bonnie, she lichtit up onywhaur she passed through, an she wis a lot wicer than Jackie, but had liked his wide boay patter when they'd been in each ither's companie, sae she decidit tae audition him as her boyfriend and if he passed, weel, his life prospects wad tak a muckle lowp up the wey. They gaed through aw the various rituals o meetin in a group wi ither pals, gaun theirsels as a winchin couple tae the daurk raws at the back o the Pictur Hoose, been gien the wance ower by the extended McDill boays, an astonishinly, passin wi fleein colours a meetin wi her mither an faither when he picked her up fae her hoose tae gae doon tae the dancin at Killie. Jackie himsel wis dumbfoonert jist hoo charmin he cuid be tae awbody an onybody that micht puit him in the guid books wi the potential soorce, prospect, an provider o a guid gam.

She wis trig in a short skirt an skinny tap that wis ticht against her body and wore jist eneuch licht make-up tae bring oot the bonnie blinterin whiteness o her smile an the glitterin sapphire blue o her big een and lang black eelashes. He couldnae believe he wis walkin wi her tae the Baurwuids, an Eilish wis gien him the kinna smiles that only a wumman in exack control o whit she's daein gies a man, and he wis vernear ecstatic that he'd had a bath, shaved, slapped on the Old Spice an buskit himsel braw for the occasion. The boay wis ready.

It had been a warm day sae the heat wis still in the forest

grund as they made a bed wi their jaikets. Her kisses were wat an deep as their hauns explored wan anither and their claes got toozled an taen aff, and oh but freedom wis a noble thing as they roamed an roved wi their mooths an fingers, and there wis naewhere else in the warld but the boay and lassie and the wuids bieldin thaim in a blissit band o douceness an sweetness an luve. Sae when it cam tae the blissit moment that Eilish – God, even sayin her name then made him hard – kneeled afore him, an luikit up at him wi thae amazin blue een as she took him full in her mooth for the first time, Jackie lay back in a douce an passive dwam wi dream-like anticipation o the maist heivenly gam e'er gien tae man or boay on planet earth or even the fuckin universe... he got a gunk and a wake up cry fae ayont the grave o whit the French cry *"le petit mort"* – "the wee daith o orgasm" that his haill body, his haill bein wis breengin towards. It took him a wee saicont or twa tae realise that the vyce wis Eilish's and instied o sookin, she wis lickin gently an tellin him, "Noo it's ma turn, Jackie".

The luik he gied her wis o a bodie comin oot o a lang doverin dwam wi bumbazed astonishment scrievit in his een. "It's your turn?" he reponed wi the emphasis on "your" an the surprise expressit in baith the "your" and the "turn" as if it wis the biggest surprise he'd had aw his lang days. But Eilish wis wice, an recognised the fleg he had gotten amidst the pleasure she wis gien, had a wee cute geegle tae hersel an said, "Dinnae fash yersel, Jackie, ma daurlin, I'll show ye." An that's whit she did. She tuik his curly pow in her hauns and while she laid hersel doun and arched her back, she led and guided his swallt reid lips tae whaur, oh, she wis rinnin like flouer hinney, and oh, the sweet taste o her juice on his tongue, and oh the scent o the perfume fae the body lotion she had spreid ower her wame and her thies as they grippit him, and she learit him tae yaise his wat tongue on her ain wee crimson tipped flouer back and forrit, abuin and ablow, and oh but she wis bonnie, and oh but he wis tint aw thegither an rowed in the sex o her an smoored in the scent o her, an roozed bi the beauty o her and totally radge in luve wi her as he felt her shudder an come unner his lickin an teasin an straikin an fingerin an bitin an kissin on that lang gloamin nicht lang syne in the blissit Baur Wuid.

Jackie had passed the test and had nailed the audition Eilish had provided for him, and he had never been the same sinsyne. They were mairrit within six month o the Gam in the Baurwuid, as gammin had led tae a lot o dancin and a lot o ridin, sae Eilish decidit tae mak a respectable man oot the bam, an made him renounce the Lannie for his ain wee Eldorado in a bijou wee private scheme on the ither side o the toon fae the Coonty Scheme. Ane o the McDill brithers had gien him a steady job in his plumbin company, sae his transformation fae his life as an articulate but wastefu ned wis complete – the chancer wis noo convertit tae a chanty wrastler, and ony time he wis eident tae regress an hing oot wi the boays he had run wi wha were still chancers, auld chancers in the main, weel, wice Eilish wad gie him that wee smile that dinged his hert an flash thae bonnie blue een at him, and he kent whit wis guid for him an crucially whaur his next gam wis comin fae and wha he wis gonnae gie it tae wi relish and pleisure. He wance sung the Boab Marley sang "I'm gammin, gammin, gammin, gammin… I hope ye like gammin tae" tae Eilish in the early meinutes o wan o their frequent sexual encoonters on the big couch in the livin room and they baith had laughed for a wee while, but Eilish then turned that "it's ma turn" luik on him and guidit him back tae whit he wis best at - the best man-on-wumman gammer in the history o Gawston. He wis welcome tae sing the sang as lang as he liked, said Eilish... when it wis his turn.

Famie

She wis juist a puir auld bodie, stacherin up the Manse Brae. Puggled, she wad stop an glower roon aboot her wi a "wha daur meddle wi me" luik on her face. It wis wizened, yet wean like, a concentrated conspiracy o ane, cooried in on hersel by layers o cardies, coats an shawls. She wheezed, liftit her message bag, an willed her an her cargo up the hill. For years noo, fowk had seen Famie wanderin aboot the toon usually wi a fu message bag that appeared tae be thrang wi toilet rolls. Naebody peyed the wee sowel ony attention, except for the shopkeepers wha began tae question the natural need for aw this tissue. Gin it had been ocht else, ye cuid hae fund a ceivil wey o speirin the whys an wherefores o the business, but ye cuid haurdly ask an auld Granny Mutch like Famie whit she needit aw the toilet paper for!

Onywey, it got tae a pynt whaur Famie wisnae as skeigh as she aince wis, an funn it hard tae thole the lang road fae her hoose on the brae tae the shops in the toon centre. She stairtit tae confine her forays tae the shops nearer haund, but efter a while it wis the Corner Shop at the fuit o the brae that she lichtit on. The demand wis greater than the supply, the auld ane herried the shop o its toilet rolls an aince they were oot o thaim, she wad plunder the place o its kitchen rolls tae – a paper magpie gaein back tae its nest wi its preuch and its treisure. Back hame, tae the acrid must o soiled moquette an tarnished siller in the room in her broun stane hoose whaur she stored aw her toilet rolls and the braw nichtgoon she hained for efter daith.

At ae time, Famie's faimily had been Kyle royalty when they owned the toon's Picture Hoose, but they say the faimily gaed wud when the geggy gaed doonhull. Tae the Gawston weans, the realisation o sma toon deprivation cam wi their furst awesome entry intae the plush cinema palaces in the big toon doon the Lang Luik, an the revelation that sair bums, dentist chair necks, hunched shoothers an the pictures werenae an indivisible pairt o the Cinema experience. The poleiticisin effect o plush saits wis considerable – no sae much the Burn, Baby Burn o the urban ghetto rioters, mair the gie the geggy laldy o the Gawston nyaff.

Airmed against thir forces o daurkness wis Maisie wi her ice cream tray an ample bosom, Andra wi his flappin fairmer's cord breeks tied wi a rope roon his wame, and Famie, bonnypermed an Tory, wi her cultured pearls an a matchin beige twinset. Whauras Andra an Maisie confrontit the masses within the cinema itsel, Famie aye maintained a respectable distance, perched in her ticket kiosk at the entrance tae the foyer. Sae while the saits were gettin ripped wi sheath knives, while the pettin wis gettin heavier in the daurkest neuks, while the wee wideboays threatened tae reive Maisie for a Mivvi, an while the neds were muggin Andra an tryin tae string him up wi his rope belt... Maisie haundit oot her precious tickets as if they were for the Hunt Ball, makin the hardest wee bauchle blush an say the requested "Thank You" afore she wad tear aff his wee pink ticket an smile him on his merry wey. The weans an mithers liked her as weel, for she had the patience tae let the bairn learn the ritual o the transaction an cairry it aff tae awbody's satisfaction. She kennt the genealogy o aw the faimilies fae the days o the silent movies though tae Gone with the Wind, an she wis a bodie that preferred thae memories tae her praisent genteel puirtith.

At ae time no sae lang syne, the Picture Hoose had been the hub o Gawston's universe. The Silent Era saw the place thrang wi miners an mill workers an the fowk fae the big hooses, ilkane wi open een and awe at the glamour unfauldin on the muckle screen afore thaim. Gin ye were a fashion conscious young wumman though, takin yer granmither tae the pictures cuid be embarrassin whiles, when the silent dwam wis shattered wi an auld bodie no able tae read the subtitles an spierin at her "Whit's it sayin, Hen, whit's gaun on?" At siccan meinutes, ye weished the piana player wis the Burgh Baund tae smoor the black affrontin soond eminatin fae the auld deil. Bob hairdos, flutterin ee winkers an pursed lips became the style o the young lassies fae Hollywood tae Kyle. The Picture Hoose wis a palace an Famie wis its queen, dishin oot tickets like royal favours.

On the lang gloamin nichts at the weekenn, the unco guid fae the big hooses wad lea the cinema an dauner doon tae the Fower Corners, entertainin theirsels wi the sicht o the miners knockin thaimsels ae stage faurer ayont the senselessness the whisky had awready achieved. The Cross wis steirin wi folk breengin oot fae the pubs, the picturs an the Haund Baw gemme at the Baur Castle. Andra an Maisie gaed hame through the mob, respeckit by baith the workers an the unco guid for their poseition in the toon's hierarchy. Famie though, taigled in her Picture Hoose till awbody wis awa like snaw aff a dyke, syne jouked hame through the quaet lanes by the burn. Her life wis the Picture Hoose an the fowk that cam tae her there. Aw else wis bidin an ettlin for the next hoose. The dream warld o the siller screen wis reality tae her.

She kept it gaun for as lang as the pictures hained their glamour. But the Talkies made folk talkative, the War stopped the redecoration plans, the pictures got mair realistic an Andra wis gettin too auld tae offer the rowdies resistance. The telly took ower, the place got richt run doon an tuim, an the geggie wis finally gagged. The New Wave o Directors couldnae hae produced a better endin. As the saits got ripped an the eejits took ower, the cless Famie's faimily belanged tae deserted thaim. They were nae langer respectable. Besides, fat erses needit plush receptacles, an the newer cinemas in Kilmaurnock offered plenty o thaim.

Maisie got a job in a Mill, happit in the auld astrakhan coat she'd worn the last twal year at the Picture Hoose. The noise o the tribal nyaffs at the pictures, then the roarin clack o the machines in the lace mill must hae gotten tae her, for she stertit plaguin the mill lassies she wrocht wi, walkin stracht in their front doors an makin for thaim on the settee by their ain fireside. Andra gaed tae the hills an wrocht at a fairm up at Sornbeg on the edge o the muirs. For aince he luikit the pairt. Famie wis left, bidin aw her lane in the ae room o the auld broun stane faimily hoose that she cuid afford tae heat aff her pension.

On her road back up the stey brae, she wis wabbit an weary. A few guid sowels offered her a haund, that puggled an fair forfochen she luikit. She drave thaim aw awa wi the luik she gied thaim. When she won hame, she puit on her baffies an gaed intae the livin room that had the scent o worn material, auld farrant furniture polish an paper an plastic wrappin. She let hersel faw ower on the sofa, dovered for a wee while, syne sleepit soond. Fae the days in the Picture Hoose, she'd never broken the habit, late efternuin snooze, then her tea, and awa tae the Ciné. The habit didnae brek, but somethin did. When she woke up, aw wis fine. She warselt hersel up aff the sofa, an gaed ower tae her wuiden chair neist the auld mahogany dinin table her faimily had yaised for mair nor a hunner year. She unwrapped a pink an a licht blue toilet roll fae their plastic covers, syne gently tore the perforation atween ilka sheet, an proceedit tae gie oot her tickets as she'd aye duin aw her lang days in the past, an she'd aye dae as lang as she wis in the land o the leivin. She smiled an gied the Gawston fowk oot their tickets until the hoose, her heid and her hert were full.

Miracle in Manse Close

Up abuin the Valley atween Derval an Newmulls, heich on a hill by a fairm cried Molmontend there's a haundmade monument that wis wrocht bi the Gawston miners durin the lang simmer o 1926 when they were lockit oot o their pits, and had tae thole weeks an months o puirtith an want, for thaim, their wives an weans. They biggit it aw theirsels an cried it the Cairn. O aw the airts they could hae walit, it wis the ane that spak maist tae thaim an their sense o history. Back then, fowk leived aften accordin tae the wice words containit in auld saws like *Ye need a stoot hairt for a stey brae* or *A gaun fuit's aye gettin,* but the ane that wis maist relevant tae thaim in 1926 wis *Thaim that tholes, owercomes.* Tae owercome, tae endure, e'en tae survive, they had tae thole, an they had tae thole thegither. They had been there afore, an that wis why they biggit the cairn up on Gallow Hill.

Lang syne durin the Killin Times o the 1680s when bluidy Claverhoose's dragoons hunted the Guid an Godlie on the muirs aw ower Kyle, Carrick and Cunninghame and as faur Sooth as the Gallowa Hulls, ane o their victims wis a teenage boay cried Smith, whase faimily wrocht Wee Threepwuid fairm nearhaund. The story that cam doon tae us wis that he wis shot in the heid efter giein bield tae some fowk escapin fae the sodgers. They managed tae get awa ower the muirs tae safety, but the dragoons took their revenge on the boay and executed him withoot mercy.

The Gawston miners kennt their history in stories passed doon through their faimilies, but it wis visible forby aw roon aboot thaim in the Valley. Their ain kirkyaird had a stane fae the Killin Times that shawed a Covenanter bein shot by the dragoons an they kennt whit side they were on when they saw scrievit on the stane the wirds "Murdert by the troops o the Bluidy Earl o Claverhouse". The Covenanters had tae thole tae owercome an create the freedom tae worship as they wantit. The miners noo had tae thole tae owercome the cauld an hunger an greetin weans an daurk days withoot end as the Strike gaed on and on, wi nae remeid in sicht, an fowk getting mair an mair dowie an close tae defeat.

That's when it happened. The McSkimmins were miners like aw the faimilies in Manse Close – that sat just ahint the kirk an ower the waw fae thae martyrs' heidstanes. There wis mebbe eicht hooses thrang thegither like the miners' raws ye saw in newer airts, but in Gawston, that gaed back tae the time o Bruce an Wallace, we had aulder biggins that hoosed the minin fowk. The faimilies aw kennt ane anither wi the McSkimmins, McGaws, Kays, Muirheids an Pawtons gaein back a hunner year when they wrocht thegither in the wee Ingaun Ees that surroondit the veillage lang syne, afore the muckle pits were sunk. They kennt each ither, but they keepit ilka faimily prood an kenspeckle an distinct fae wan anither. They'd aw been oot on strike for seiven month, and if it wisnae for huntin rabbits an bawds for maet an bree, or the troot they'd guddled in the Burnawn an Irvine, maist o thaim wad hae been permanently stervin o hunger.

Sae it cam tae pass that ane o the McSkimmin boays, Johnnie, gaed tae Glesga tae veisit the ae brither that hadnae gaen doon the pits but funnd wark in the shipyairds in Govan through his wife, a local lassie fae Ibrox. Rab had a job, but he had twa bairns awready an anither ane on the wey, sae ilka bawbee wis a prisoner tae mak ends meet. Rab wis a guid sowel though and had duin aw he cuid dae tae send the faimily doon in Gawston ony siller he cuid collect through a whip roond for the Ayrshire miners in his section o the yaird. His fellae workers were an unco mell o communists steired up by thon ither martyr John Maclean, Orangemen that had come ower tae Glesga wi the Harland & Wolff boays fae Belfast an socialists eident for the Hame Rule Keir Hardie had promised lang syne. They aw were blyth, though, tae gie a puckle o their hard earned bawbees tae the miners' cause, kennin they cuid be neist tae face hardship an puirtith themsels. But Johnnie felt he couldnae ask for ocht mair fae thaim – he had exhaustit their generosity an guid will in face o their ain struggles tae get on.

Afore he left Gawston, his mither tellt Johnnie no tae accept ony money fae Rab, kennin fae her son's last letter hou hard it wis gettin for him and his immediate faimily. Sae when Johnnie wis gien the weans a cuddle and sayin fareweel tae Rab and his wife, Nan, he refused point blank tae accept the twa ten shullin notes his brither wis eident tae press intae his haund. Nae maitter hoo muckle their protestations, he refused the siller an bade them fareweel till the neist time he could veisit.

It wisnae till the bus wis past Watterside an he cuid see Gawston in a wee pooch o green rollin hulls ablow fae the Glesga road, that Johnnie puit his haund in the inside pooch o his jaiket tae get his hankie an realised that his brither had succeeded in slippin in the twa ten shullin notes he had tried tae gie him earlier. Kennin the sacrifice they had made tae gie him this siller for his faimily that he lued sae much, brocht tears tae his een. As weel as that, it brocht resolve tae his hairt. Sae, when the bus drapped him aff at the Cross, insteid o gaein stracht hame, Johnnie gaed intae Banna's café an bocht thirty twa fish suppers - wan for every man, wumman an wean in the Close. For aw the faimilies, gettin a fish supper amidst the dowie daurkness that surroondit thaim, it wis like Hogmanay an the Fair Friday nicht in prosperous times rowed intae ae nicht o celebration. When ye feel ye can thole nae mair, an owercomin hardship seems impossible for you an yours, hopelessness can be convertitit tae hope bi the parable o the fish an chips feedin the faimilies in the miracle o Manse Close. Thaim that tholes, aye owercomes.

Inrush at Nummer Fower
GAWSTON 1927

Sannie wantit tae get awa fae it aw. They were richt aboot there bein nae sowels doon the pit, for gif ane wis a sowel, ye were aw sowels, an ye couldnae survive wi sic an attitude. But for a wee chynge, Sannie took alloued that he wis a sowel, an the sowel wis fur a holiday.

It wis that braw, the wather thon caller, douce wey it can be whiles on a Simmer's morn in Ayrshire. Sae he left his jaiket an piece bag ablow the brig at Burnhoose, syne daunert alangside the Burnawn. The sunlicht blintered on the chuckie stanes in the watter, but e'en wi sic a lowe on thaim, chuckie stanes couldnae pass for the agates he whiles funn thonder. He waunert on for a bit then gied up, for the glint on the watter bothert his een. A guid wheen o the miners had it. They cried it the "Glennie Blink" efter the Glennie lamps they cairrit. Gey unco an queer it wis, ye hatit the daurk, yet ye cuid haurdly thole the licht, an whiles the verra sun ye loed an langed for wad hurt ye an gar ye weish ye wis doon in the daurk again, gin that wis whaur ye belanged despite it aw.

He warstlet up the braeside tae the Cairn atoap the

Valley's heichest hill. He wisnae as skeigh as he aince wis, but he still felt guid up there "oot amang the whaups" as his grandfaither had puit it. For he cuid see as faur as the coast wi the black mountains o Arran ootlined against the blue an white o the lift. Or ahint him there wis the muirland, broon an bare tae the warld. Or tae his richt, the wuids, teemin wi bawds an rabbits, juist beggin tae be poached an turned intae maet an soup. Or there wis the Irvine, whaur monie's the time he had guddlet for troot. Aye, the bonnie sichts were there aw richt, but the braw things couldnae hide the Gawston pits an the idea that he shuid be awa doon there ablow the grund, like thae wee craiturs that dwalt in mowdie holes in the park aw roon aboot the Cairn. He thocht tae escape the pits, but even up here, the verra mowdie holes an the fack that he wis happit in moleskins tae, aw mindit him o his life ablow in the wame o the yird.

He luikit oot ower the toon an cuid see the bogies hurlin an the muckle wheels turnin – "the nine wheels o ma misfortune" he cried thaim. Fowerteen hunder men wrocht in the Gawston pits; the Maxwuid, Goatfuit, Loudoun, Streetheid, Holmes, New Pit, Titchfield, Nummer Twa Gauchallan, an his ain ane, Gauchallan Nummer Fower. The sun wis warm on him as he thocht o the foustie heat o the coal face, an the damp o the pit pavements. Even when ye et yer piece, ye had tae bide on yer hunkers tae keep aff the watness. Gin ye wrocht in a dry, warm neuk, ye got drookit wi sweit, an gin ye wrocht in a wat place, ye were founert wi the cauld dreebles o watter slitherin doon the back o yer neck. If it wisnae ae thing, it wis anither, aye somethin tae thole an sweir at.

He saw McTurk howkin awa at the face. Main coal it wis, hard as buggery, but the best there wis. McTurk thocht it wisnae cannie, haein a seam o Main only twenty fadom frae the suface, whaur Major coal shuid hae been! Main wis usually too deep tae drive, yet here it wis, rizzen up gey near the verra surface! Ach, but he wis aye haverin on aboot somehin, McTurk. For aw his braid shoothers an bawrel chest, he wis like a sully doited wee lassie whaur supersteition wis concerned. Whiles, some glaikit bodie wad set his hair on fire wi the lamp flame, an gin the fella wisnae hurt ocht, awbody got a guid lauch. Awbody but Hughie, that is! His gleg een wad be lowin brichter nor the flames, an ye wadnae hear a wheep oot o him for 'oors, that serious he took awthin. Gin ye heard a tree rax or ryve, an thocht maybe there wis danger, ye saw Hughie skelp awa as suin as luik at ye. He never let on, but mebbe the fear gruppit him harder than the feck o thaim, for he kennt he couldnae get awa fast wi that gammy leg o his. Maist miners were sweirt tae wash their back, for they thocht that waikent its strenth an made ye aw the mair vulnerable. But they yuised tae kid on Hughie that he didnae wash hissel at aw, an that wis cairryin supersteition too faur!

The levels they were workin the noo wis up a stey slope, a drum at the braeheid wi ropes tae let the fou hutches doon ae side, an pu the tuim anes up the ither. Samson, the totiest cuddie in the hail pit, drew the hutches tae the braeheid for thaim, man an beast warkin thegither in the daurk. "McTurk'll likely be sweirin," Sannie jaloused. "Wi me no there tae draw for him, the boay they'll gie him will taigle him. He'll be that fashed aboot no daein his darg, he'll likely full some durt, then spenn the lave o the shift wi a face like a fiddle worryin whether the checkweighman will riddle him an finn mair durt than's alloued". Three ton a man wis yer darg, an damned sair wark it wis getting it duin.

As Sannie thocht aboot McTurk, the big ane's worries suin becam his ain, an he hauf weished he had gaun tae his wark tae get some siller for the faimily. But the ither hauf weished he didnae need tae wark there, wi McTurk readin meanins that werenae there intae awthin that happened. The wee weans playin peevers an bools were surprised tae see a miner gaun hame at sic an oor, but they were as wice as ever. "Ony pit piece, Mister," said the biggest o thaim an smilet when Sannie gied him ower a scone an cheese. "Mind an enjoy that noo, son, for there'll be nocht for ye the morn," he daffed wi the weans, syne turned an feinished the thocht, quaeter intae hissel wi a sech, "when I'm back at the coalface."

The neist efternuin.

Matha Kay shouted, "I'll awa, Mistress." An he wis oot on the line that led tae Nummer Fower, whaur he wrocht as chief fireman. There wis plenty time afore the efternuin shift sent its cages doon, sae he taiglet lang eneuch tae admire the kintraeside. Here, nocht obstructit ye. The hills wis aw roon aboot, emerant green, speckled broon an white wi the mulk kye. When he cam ower the haugh intae Laigh Threipwuid's last park, he got a glisk o the pitheid... an a stound that garred the braith stick in his thrapple. His een focused instinctively on the forlorn sicht o a wumman wi a bricht reid shawl, staundin, waitin. Aw roon aboot her wis a steir o acteivity. "God, Almichty, Sur, somethin's faur wrang here," he spak tae himsel, as he breenged through the crowd tae the main office.

Kyle, the pit owner, sat heid in his haunds, luikin wee an lost. The vyce had tint nane o its confidence, though: "Matt, there's been an Inrush of Moss at the Main coal working. Five are accounted for, two are missing. I want you to take the inspector, manager and insurance official down to examine the place and report what can be done to find the missing men. You'd better take Willie Morton and a few miners along with you."

Matha kennt they should never hae been sae nearhaund the surface. They puit wuiden trees an stells in tae haud up the ruifs o seams that are wrocht, but whit guid's wuid against the likes o friest an sodden grund soakit ower hunners o years. He had seen it aw in his days, but it still scunnert him, the peity an waste o it aw. Gin it wisnae juist puirtith, it wis rickets for the weans, sillicosis for the men, or an accident that left a faimily wioot a faither, or a faither wioot a leg, an nae hope o getting ocht o a stairt onywhaur. As the cage gaed doon, Matha thocht an hatit.

Doon ablow, everythin wis smashed yuissless – tracks, hutches, the men's graith itsel – aw in bits. The inrush had cut doon through eicht different levels richt tae the main pavement, cairryin ocht that got in its wey. The pairty sprachlet through the muck, no kennin whaur tae luik nor whit tae dae. At ae clearin, Matha noticed the ruif wis needin wuidit, syne cried for a stell. He propped the stell up an puit a lid unner it on the pavement tae haud it siccar.

The lid didnae seem tae lie richt, sae he stoopit doon an wis clearin awa some glaur... when he liftit a man's haund. They severt him free o the muck, Matha dichtin the man's face wi aw the douceness o his nature an syndin it clean wi caller watter. It wis McTurk. Matha had a veision then, an a lang time sinsyne, o McTurk sensin the roar and crack afore he wis even awaur o it, an hirplin awa like a dementit craitur that kens its aw bye. They rowed his corp in a claith hap an cairrit him tae the cage. Matha sat doon on the cage bottom, back against the ae side, Willie Morton at the ither, baith their knees raised tae form a chair. The remains o Hughie McTurk wis sat on their knees, an brocht up and up tae the guid day licht.

It wis a guid twa-three days gin Sannie wis brocht up. He must hae skited awa alang the level, joukin doon through the auld workins, hearin the rummle ahint him an hopin tae escape it doon there. God only kens, mebbe it wis licht he wis luikin for? They funn him in a daurk womb o glaur, hauns thegither, knees tae his chin, like a wean aboot tae be born, that's prayin.

Glencoe

I hae eikit this poem Glencoe tae ma collection because like awthin else in the buik, its ruits lie in the landscape o the Irvine Valley. It wis furst published in a quair o modren Scottish verse bi the makar Robert Garioch in 1974. Garioch wis a douce an warm-hertit chiel wha wis a Scriever in Residence at Edinburgh University whan I wis there in the early Nineteen Seiventies and I got tae ken him through oor mutual interest in Scots. While there, a poetry prize for students tae enter wis annoonced – the Grierson Verse Prize, an the theme we wis giein wis Glencoe.

Whit I decidit tae dae wis tae imagine twa bairnies bein born at the time o the massacre o Glencoe – ane a babbie born tae a McDunnell lassie on the nicht o the actual massacre on Februar 13th 1692, the ither a babbie boay born tae a fairmer on the green hills atween Gawston an Newmulls jist a puckle month afore that incident. Verse twa haes the faither o the bairn born in Kyle talkin tae the wean as he chachles at his saps. Verse three contrasts him wi the weird o the wean born in Glencoe on that dowie nicht. Verse fower describes the forebears o the fairmer wha were Covenanters, hunted doon an aften murdert by the dragoons o Bluidy Claverhoose durin the Kullin Times a few decades earlier. The fairmer expresses a mistrust o the Hielanmen that gaes back especially tae a period in the 1670s whan an irregular force o sodgers cried the Hielan Host plundered the guids an gear o the Ayrshire fowk whan they were sent there bi the Government tae keep an ee on the Covenanters an bully thaim intae submeission. There's a wheen scrievins o the depredations that occurred then, bi the likes o Nisbet o Hardhill near Newmulls, sae it wis a period whaur poleitical violence wis a wey o life, tholed by fowk fae gey different backgrunds. The last verse addresses the diveisions in Scottish society then and noo an asks us tae be kinder tae ane anither.

The poem wis jynt winner o the Grierson Verse Prize alang wi a quine cried Catherine Czerkawska wha gaed on tae scrieve plays and novels set in Scotland.

GLENCOE

Ootower the grey-broon mairs
a snell wind's blawin,
soughin norwards tae a smor shroudit glen
whaur gurnin weans greet their hert's wae
tae the wat broom.
Seaburds cairry thur weird
whurlin an burlin
squawkin eldritch skreich
in the skies o the Sooth.
'Weans is deein an ye tend yer kye'.
Douce kinna bodies, the Ayrshur folk
bidin blithe oan the muir's edge.
Inside thursels a love fur thur folk.
Thur land... an nuhin mair.

'Wheesht ma wee babbie, the Valley's rich,
green gress tae feed the kye,
that gie us wur leivin, a guid yin!'
A gleg wean, weel at itsel,
chachlin awa at his saps
the life o the land warm in his bluid,
a wean as weans aye wur
an ayeways shuid be,
happit braw an bonnie
in a life o love.

A lassie's boady teers an breks,
the howdie rips oot life
that howls tae highest heiven.
Birthbluid oan the babbie's boady
stickin tae the howdie's hauns,
reid bluid oan damp gress,
lassies an bairns.
The sodjers didnae see life, only daith in ur,
the howdie hirplet an fell,
the bairn slitherin nakit an bluidy
doon the braeside... tae dee
whimperin in the smor.

Twa hunner Ayrshur bodies wis baukit
oan thur hunkers like wild rabbits.
A conventicle preachin hell an fire in wind an rain,
they brek thur voices fur a broken Covenant,
sechin an sabbin fur God's Keingdom on Earth
that wis gaen.

GLENCOE

'Glory tae God an his chosen people'
they roared in prood defiance
tae wind an rain.
But the rabbits had run
afore they kennt whit aw the
steir wis aboot,
an the hill folk's bluid
rin seepin intae the gowpin scaurs
o the land, daurkenin its colour
broon tae deeper broon.

'Aye, son, yer granfaither wis a martyr
fur the guid an goadly,
iz thrapple cut by mockit papish Hielanmen
durin the Kullin Times.
Naw, they'll get nae quarter fae me
an ma kind, fur we hate thaim
mair as we hate the kelt English.
Me, greet ower the likes o savage
MacDunnels, murdert bi thur ain soart
the sleekit Cammuls?
Naw, naw, mulk kye's mair important
An mair worth the boatherin aboot.'

Scotland, Scotland, severt fae yer ain
by muir an mountain,
hatin fur ye're feart tae love!
Sheep in the Noarth
an mulk kye in the Sooth,
wi no a haet tae boather thaim.

Puir Scotland, aye better tae yer
beasts than tae yersels.
Yer folk, the forloarn sowels
ur deein wi thur Scots souls,
an ye ploo yer lands,
tend yer beasts
lovin nuhin... but yersels.